Typologie et Préhistoire de l'Asturien du Portugal

The Asturian in Portugal: Typology and Chronology

Jean Maury

translated from the French by
Elisabeth Weeks

BAR Supplementary Series 21
1977

British Archaeological Reports

122, Banbury Road, Oxford OX2 7BP, England

GENERAL EDITORS

A. C. C. Brodribb, M.A.   A. R. Hands, B.Sc., M.A., D.Phil.
Mrs. Y. M. Hands   D. R. Walker, M.A.

B.A.R. Supplementary Series 21, 1977: "Typologie et Préhistoire de
l'Asturien du Portugal/The Asturian in Portugal: Typology and Chronology".
© Jean Maury, 1977.

ISBN 9780904531671 paperback
ISBN 9781407337500 e-book
DOI https://doi.org/10.30861/9780904531671
A catalogue record for this book is available from the British Library
This book is available at www.barpublishing.com

CONTENTS

De toutes les civilisations préhistoriques de la Péninsule Ibé-
que, l'Asturien est certainement une des plus originales.

Utilisant le chopper, mais surtout le pic, c'est-à-dire un outil
façonné par des enlèvements latéraux pour dégager une forte pointe
dans un galet, les Asturiens se signalent par leurs outillages abandon-
nés sur toutes les côtes Nord-Ouest de l'Espagne et du Portugal.

Découverte en 1914 par le Comte de la Vega del Sella dans la grotte de Ténicial, prés de Llanes, sur la Côte des Asturies, cette civilisation fut d'abord rapportée au Paléolithique inférieur tant son outillage paraissait grossier et archaïque. Plus tard, d'autres ensembles
asturiens ont été trouvés en stratigraphie dans des niveaux postérieurs
au Paléolithique supérieur, notamment dans la grotte de Cueto de la
Mina où la couche asturienne était superposée au Magdalénien et à l'
Azilien (6). Aussi en dépit de son caractère fruste et primitif, l'
Asturien fut-il daté du Mésolithique. Par la suite de nouveaux établissements asturiens ont été signalés en Galice par Jalhay, puis sur le
littoral du Nord du Portugal où R. de Serpa Pinto étudia le site d'
Ancora (14).

Actuellement de nombreuses stations asturiennes sont connues sur
toute la Côte des Asturies, notamment dans plusieurs grottes autour
d'Oviedo et en Galice, mais surtout dans le Nord du Portugal, entre
Viana do Castello et la frontière espagnole. De plus, des pics asturiens ont été signalés à Biarritz sur la plage de Mouligna. Mais, à
Biarritz, ces instruments sont associés à un outillage en silex comprenant des microlithes, à des haches polies, à de la poterie (19). Il
s'agit donc certainement d'un faciès tardif de l'Asturien contemporain
du Néolithique. D'ailleurs les datations au radiocarbone ont donné une
moyenne de -3700 (B.C.) pour un niveau en place ayant fourni un pic
typique et des silex taillés. Mais il n'est pas possible d'identifier
de tels ensembles à l'Asturien des Asturies ou du Portugal, les outillages étant différents et les datations toujours plus hautes.

Dans les Asturies, l'amas de coquilles asturien de la Riera a été
daté -6 690 par le radiocarbone. Cette date semble correspondre à l'
apogée de la civilisation asturienne dans cette région. Mais celle-ci
s'étiole et disparait vers - 3 300, datation obtenue pour un autre amas
de coquilles, celui de Los Padrons, qui est déjà post-asturien (5).

Quoiqu'il en soit, l'Asturien des Cantabres se distingue nettement
de l'Asturien portugais. On trouve en effet dans les Asturies, sur les
sites asturiens, très souvent de nombreux silex taillés mêlés aux instruments asturiens en quartzite, mais surtout de nombreuses lames et

lamelles en silex, des burins, pièces tout à fait inconnues dans les sites portugais. Ainsi, dans le gisement de Liencres, près de Santander, les pics asturiens sont rares et les choppers très mal représentés, quant aux poids à pêche, ils ne sont même pas mentionnés. En revanche les lames, les lamelles, les burins sont nombreux. Ils constituent même l'essentiel de l'outillage (5). Par contre, comme nous le verrons, l'Asturien portugais est très différent. Entièrement constitué de pièces sur galets de quartzite, les choppers y abondent, les pics sont toujours nombreux, les poids à pêche bien attestés. Mais les lames, lamelles, burins n'y figurent point et sont totalement inconnus. Ces différences impliquent sinon un décalage chronologique entre les deux industries, du moins de nettes différences dans le genre de vie des deux groupes.

De toute façon, la civilisation asturienne apparaît partout comme une civilisation côtière, bien localisée sur une étroite bande littorale. Le pic asturien, outil fondamental de cette civilisation est d'ailleurs complètement inconnu à l'intérieur des terres et disparaît dès que l'on s'éloigne de l'Océan. Presque tous les gisements asturiens explorés par le Comte de la Vega del Sella se trouvent en effet à quelques centaines de mètres du rivage, le plus éloigné se situant à seulement six kilomètres de la mer. C'est également le cas des sites des Cantabres découverts depuis lors. Tous se trouvent à proximité, au voisinage ou à peu de distance de la côte. Quant aux établissements asturiens de Galice et du Portugal, il s'agit de stations de plein air dont les pièces jonchent les plages en bordure même de l'Océan.

Mis à part les outils souvent peu nombreux découverts en stratigraphie dans quelques grottes des Asturies, l'Asturien est surtout connu par des trouvailles de surface. Il est significatif que l'étude la mieux documentée sur cette civilisation reste celle de R. de Serpa Pinto qui étudia en 1925 le site de plein air d'Ancora. Mais quelque soit l'intérêt de ce travail, de nouvelles recherches s'imposaient autour d'Ancora pour tirer le meilleur part de l'énorme matériel qui subsiste encore dans ce secteur. L'utilisation de typologies fines, exigée par les progrès de l'Archéologie dans ce domaine, la mise en oeuvre des méthodes statistiques permettant des précisions et des résultats nouveaux.

C'est le travail que j'ai commencé en 1966 dans la région du Nord du Portugal, entre Viana do Castello et la frontière espagnole, travail continué presque sans interruption jusqu'en 1974. Dans ce secteur, situé entre le rio Lima et le rio Minho, les gisements asturiens se succèdent sur la côte d'une façon presque continue sur plus de vingt kilomètres, avec quelques zones particulièrement riches, notamment les plages d'Areosa, celle d'Ancora et le littoral entre Ancora et Moledo.

2

Sur toutes les plages du littoral portugais, entre rio Lima et rio Minho, les pièces asturiennes se ramassent à la surface du sol, à quelques mètres de la mer. Mais il ne s'agit pas de véritables stations de plein air car l'outillage qui jonche le sol n'est pas là dans sa position originale. Il provient, en réalité, de niveaux de galets en place dans une plage fossile demantelée par l'érosion, notamment par la mer de tempête, comme en témoignent encore quelques lambeaux restés en place. L'archéologue portugais R. de Serpa Pinto l'avait d'ailleurs noté, en son temps, dans son étude de la station d'Ancora. Il donnait même dans cet article une stratigraphie relevée près du port d'Ancora où il notait la présence d'un pic asturien en place dans un niveau de graviers (14).

Depuis lors, l'ouverture de chemins littoraux et surtout, ces dernières années, l'implantation au Nord d'Ancora de carrières d'exploitation de granite ont multiplié les coupes de terrain, ce qui permet aujourd'hui de nouvelles observations. Aussi m'a-t-il été possible de compléter et de préciser la stratigraphie des niveaux asturiens sur ce littoral, un examen systématique des coupes de terrain m'ayant permis de découvrir, en place, dans des niveaux de galets, une cinquantaine de pièces asturiennes.

Une première série de coupes se trouve à cinq cents mètres au Nord de la plage de Carreço.

Un chemin littoral qui longe la mer coupe à plusieurs endroits le talus de la plage fossile de sept mètres. C'est ainsi qu'une première coupe a pu être relevée. Elle montre de haut en bas :

1. en surface cinquante centimètres de sable gris foncé,
2. en dessous, un lit de galets de dix centimètres d'épaisseur,
3. plus bas, dix centimètres de sable ocre
4. un limon brun foncé contenant un lit de galets d'une trentaine de centimètres d'épaisseur parmi lesquels j'ai trouvé deux choppers. Ceux-ci ont été répertoriés, comme toutes les pièces découvertes dans ces coupes suivant la typologie mise au point en 1967 sur ces plages pour classer les galets aménagés de ce secteur. Il s'agit d'un chopper transversal droit et d'un chopper transversal convexe.
5. à la base, un limon noir ne contenant aucun galet.

A cinquante mètres de cette première coupe, en quittant le chemin et en se dirigeant vers la mer, un éboulement de terrain, sans doute provoqué par l'Océan, livre une autre coupe dans la même plage fossile de sept mètres. C'est ainsi que l'on observe de haut en bas :

1. en surface : dix centimètres de sable gris.

2. en dessous : dix centimètres de sable jaunâtre contenant une
   assez grande quantité dé galets à la base parmi lesquels un
   chopping-tool à tranchant droit et un **chopper** transversal à
   tranchant oblique, le premier aux arêtes fraîches, le second
   un peu roulé.
3. en dessous trente centimètres de sable ocre avec quelques granules.
4. un niveau de galets au contact et à l'intérieur d'un niveau de
   limon brun foncé.
5. quatre vingt centimètres d'un limon brun très foncé.

Une troisième coupe à quelque distance de là, livre la succession suivante, de haut en bas :

1. en surface : cinquante centimètres de sable gris foncé.
2. en dessous : trente à soixante dix centimètres de sable brun
   clair contenant un lit de galets horizontal, parmi lesquels
   se trouvaient deux choppers transversaux, un convexe et un
   droit, le premier aux arêtes fraîches, l'autre un peu roulé.
3. un niveau de sable ocre de vingt centimètres d'épaisseur.
4. un niveau de limon brun foncé contenant un lit de galets de vingt
   centimètres d'épaisseur.
5. un limon brun foncé sans galets de quarante centimètres d'épaisseur visible à la base.

D'autres coupes dues à des carrières d'extraction de granite
sont visibles à sept kilomètres au nord de celles de Carreço cinq cents
mètres au nord d'Ancora, les travaux des carriers ayant entaillé à plusieurs endroits la plage fossile de sept mètres.
Une première coupe en bordure du chemin littoral, mais en
contrebas laissait apparaître en Août 1973 les niveaux suivants :

1. au sommet sable superficiel d'une dizaine de centimètres selon
   les endroits.
2. en dessous : une couche de sable brunâtre de quarante centimètres d'épaisseur contenant quelques rares galets.
3. un lit de galets, très dense, de quarante centimètres de
   puissance. Ces galets mesurent en moyenne dix centimètres de
   longueur, si l'on se fonde sur une trentaine qui ont été me-
   surés. Parmi eux se trouvaient un monoface trapézoïdal, quatre
   choppers transversaux dont un convexe et trois droits, un chopping-tool à tranchant concave, un poids à pêche de forme ovalaire à encoches unifaciales.
4. en dessous : trente centimètres de sable grisâtre.
5. un nouveau lit de galets de moindre volume(six centimètres de
   longueur moyenne) sur quinze centimètres d'épaisseur contenait un proto-pic et un chopper transversal au tranchant sinueux.
6. une couche de limon noir de dix centimètres.
7. à la base, le rocher granitique.

Une deuxième coupe, à quelques mètres de là, laisse apparaître les niveaux suivants :

1. en surface : dix centimètres de sable gris.
2. en dessous : sable gris foncé sur quinze centimètres.

4

3. Plus bas : lit de galets très denses sur trente cinq centimètres. Ce niveau a donné trois pièces aux arêtes fraîches :
    - un chopper transversal convexe,
    - un chopping-tool,
    - un monoface trapézoïdal.
4. niveau de sable gris foncé.
5. lit de galets de cinquante centimètres d"épaisseur. Les plus volumineux se trouvent à la base enrobés dans le limon noir sous-jacent (étage 6).
    Cette couche a livré quatre pièces :
    - deux éclats de galets, du type éclat à dos naturel
    - un chopping-tool,
    - un chopper à deux pans isocèles.
6. assise de limon noir sans galets sur soixante dix centimètres.
7. rocher granitique, à la base.

Une troisième coupe à peu de distance des deux premières, mais un peu plus au Nord, toujours dans le talus de la plage de sept mètres a donné la stratigraphie suivante :

1. en surface dix centimètres de sable grisâtre.
2. plus bas lit de galets de dix centimètres de puissance. Ces galets de dimensions modestes au sommet de cet étage (sept centimètres de longueur moyenne) sont nettement plus volumineux à la base (moyenne dix centimètres).
    Cette couche a donné un chopper latéral concave à un enlèvement médian, deux choppers transversaux droits, un chopper transversal oblique, un chopper transversal oblique à un enlèvement décalé à gauche.
3. cinq à dix centimètres de sable gris contenant quelques granules.
4. un nouveau lit de galets de dix à quatorze centimètres de longueur moyenne donc nettement plus volumineux que ceux de la couche 2, enrobés dans du limon noir de trente centimètres de puissance.
    Cette couche contenait un pic asturien typique à pointe triédrique droite et trois choppers transversaux.
5. un limon noir sans galets sur trente centimètres d'épaisseur.
6. le rocher granitique, à la base.

Une autre coupe, toujours dans le même niveau de sept mètres, à trente mètres environ des précédentes, m'a permis de noter la succession des niveaux suivants :

1. en surface : un niveau de sable de dix centimètres.
2. en dessous : un lit de galets de huit à dix centimètres de longueur moyenne, très dense, s'étageant sur quarante centimètres d'épaisseur.
3. un niveau de sable de cinq à dix centimètres.
4. un lit de gros galets (dix à quatorze centimètres de longueur moyenne) dans une couche de limon noir ; cette couche contenait un chopper transversal convexe, un chopper transversal droit, un palet-disque.
5. en dessous : un limon noir sans galet qui recouvre, sans doute, le rocher granitique. Mais celui-ci n'apparaît pas ici.

Enfin, une grande exploitation de granite ayant largement entaillé le talus de la plage fossile de sept mètres, au Nord des coupes
précédentes, deux autres coupes bien lisibles ont pu être relevées
dans ce secteur.

La première perpendiculaire à la mer montre les niveaux suivants :

1. en surface : un sable brunâtre.
2. en dessous : quarante centimètres de sable gris.
3. galets très denses sur quatre vingts centimètres d'épaisseur
   dans du sable gris foncé. La majorité de ces galets mesurent
   dix à quinze centimètres de long. Ce niveau a donné un pic
   asturien typique à pointe triédrique droite, un proto-pic,
   un monoface sub-triangulaire, deux choppers transversaux dont
   un convexe et un à pans disymétriques,un éclat de galet, un
   galet fendu.
4. nouveau lit de galets, moins dense, un peu plus volumineux,
   enrobés dans un limon noir sur trente centimètres. Cet étage
   contenait un pic asturien typique à pointe triédrique droite,
   un monoface ovalaire, un proto-pic à pointe quadrangulaire un
   peu déjetée, un chopper transversal, à un seul enlèvement décalé à gauche, un chopper-tool, un disque, un éclat.

Sur la deuxième coupe, de la même carrière, mais, cette fois,
face à la mer, j'ai pu noter les étages suivants :

1. en surface : une couche superficielle de sable brunâtre.
2. en dessous : un niveau de vingt centimètres de sable gris contenant quelques rares graviers.
3. plus bas : quarante centimètres de galets très denses de douze
   centimètres de longueur moyenne.
   Ce niveau m'a donné un pic asturien typique à pointe triédrique
   droite, un chopper transversal convexe, un micro-chopper concave
   à enlèvement unique médian, un monoface trapézoïdal, un éclat
   de galet, un galet portant quelques enlèvements.
4. dix centimètres de sable gris beige.
5. plus bas : un nouveau lit de galets sur quinze centimètres d'
   épaisseur.
6. une couche de limon noir contenant de très rares galets.
7. rocher granitique, à la base.

Finalement, toutes ces coupes, bien qu'éloignées parfois de
plusieurs kilomètres, s'articulent parfaitement les unes aux autres.
Elles permettent d'observer sous un ou deux niveaux de sable superficiel, deux étages de galets successifs de puissance variable selon
les secteurs mais livrant d'une façon constante des pièces archéologiques, notamment des pics asturiens typiques qui permettent d'en
faire des horizons asturiens. Les deux niveaux de galets sont souvent
séparés par une épaisseur de sable variable mais toujours faible.
Toutefois, ils se distinguent parfaitement l'un de l'autre même lorsqu'ils sont en contact par le moindre volume des galets de la couche
supérieure et surtout par le fait que les galets du haut sont enrobés
dans un sable gris foncé, ceux de la base se trouvent dans un limon
noir. En tout cas, partout nos couches archéologiques reposent sur

6

une assise de limon noir qui recouvre le rocher granitique.

La datation de cé limon permettrait donc de situer avec précision la place chronologique des outils asturiens découverts et, par
voie de conséquence, de donner une chronologie précise à l'Asturien
de ce littoral.

L. Berthois, dans une étude parue en 1949 dans le tome XXIX
des Communications des Services Géologiques du Portugal (p. I-6I)
nous apprend que l'analyse granulomètrique et minéralogique de ces sédiments moirs provenant du fort d'Areosa et du Nord d'Ancora indiquent
des limons sableux à éléments assez grossiers contenant des grains de
quartz très faiblement usés avec une nette dominance des éléments fins
indiquant des traces de ruissellement de surface au moment de leur
formation. Mais ces observations géologiques ne sauraient constituer
des bases précises pour fonder une chronologie.

En revanche, G. Zbyszewski et C. Teixeira dans une étude du
niveau marin de cinq-huit mètres, après avoir noté l'importance de ces
dépôts limoneux noirs sur le littoral du Minho, c'est-à-dire dans notre
région d'étude, attribuent cette formation à la glaciation de Riss,
étant donné "la très grande abondance des industries paléolithiques
acheuléennes et languedociennes" (p.7) en place, au-dessus de ces limons noirs.

Mais une telle attribution archéologique suppose que ces
auteurs suivent encore l'opinion émise aur Breuil et Zbyszewski en 1942,
selon laquelle aux outillages asturiens de ce secteur se trouvaient
mêlées des pièces acheuléennes, les monofaces étant assimilées pour
la circonstance aux bifaces acheuléens et les palets-disques considérés
comme les fossiles directeurs du "Languedocien", civilisation créée par
Breuil en 1937 à la suite de ses recherches sur les terrasses de la
vallée de la Garonne, et qu'il tenait pour contemporaine du Moustérien
(3).

Mais de telles attributions ne sauraient nous satisfaire aujourd'hui. En effet, si l'on examine sans idée préconçue les outillages de ce secteur, il est évident qu'il n'existe aucune pièce vérita-
blement acheuléenne. Nos coupes n'ont d'ailleurs livré aucun biface.
Sans doute, l'ensemble découvert n'est-il pas numériquement suffisant
pour décider qu'il n'y a jamais eu de véritable biface dans ces niveaux. Mais pour mettre au point la typologie des galets aménagés
asturiens de ces plages, j'ai examiné 4.738 pièces provenant des niveaux démantelés par l'érosion sans trouver un seul biface. En outre,
le chopper que l'on ramasse à profusion sur tout ce littoral n'est
pas un instrument propre ou paléolithique. Il en subsiste encore au
Néolithique et même au-delà, surtout au Portugal.

Quant aux monofaces, ce n'est pas leurs similitudes de formes avec les bifaces qui sauraient nous assurer de leur appartenance
à l'Acheuléen. D'ailleurs les monofaces se rencontrent dans nos coupes
constamment associés à des pics asturiens typiques ce qui suggère plutôt
leur attribution à l'Asturien. En tout cas, les monofaces trouvés en
place dans nos stratigraphies ont la même patine, la même fraîcheur
que les pics asturiens avec lesquels ils sont associés. Rien n'indique
une quelconque antériorité. Aucune trace d'usure ou d'action éolienne
n'autorise à dissocier ces deux types d'outils, livrées d'ailleurs
par les mêmes niveaux en place.

On peut faire des remarques similaires pour la prétendue
existence d'un horizon "languedocien" dans ce secteur.

Breuil avait créé le terme de Languedocien pour définir une industrie sur éclats dont il avait cru reconnaître l'originalité sur les terrasses fossiles de la Garonne (3). Mais lorsque Breuil lançait sa théorie du Languedocien, il croyait posséder dans le palet-disque un fossile directeur solide et il lui accordait une valeur chronologique précise que cet instrument n'a pas. C'est en fonction du palet-disque, en effet, que Breuil supposait le Languedocien contemporain du Moustérien classique. Mais depuis, les découvertes de palets-disques se sont multipliées sans confirmer les hypothèses de Breuil. Bien au contraire. Beaucoup de ces outils ont été trouvés dans des ensembles postérieurs au Moustérien et même souvent nettement post-glaciaires. Ainsi, Bétirac découvre des palets-disques dans le Magdalénien VI de l'abri Montastruc à Bruniquel. L. Méroc signale son abondance sur la terrasse de douze mètres de la Garonne, associé, partout, de façon suspecte, à des pièces néolithiques, notament à des haches polies (7). Le même auteur en découvre dans un puits, à Cordes, avec des fragments de "pégau" et des monnaies de Louis XIII. Le palet-disque se rencontre donc dans des ensembles trop divers pour avoir une chronologie précise et passer pour un outil typique d'une civilisation. Sa présence parmi des pièces asturiennes ne saurait nous autoriser à rapporter sinon l'ensemble du moins une partie du mobilier au Languedocien. Il ne peut pas, non plus, servir de repère chronologique solide. D'ailleurs, l'état actuel de la recherche archéologique, le Languedocien apparaît comme une hypothèse dépassée, voire comme une civilisation fantôme. Finalement, nos coupes livrent également, des palets-disques et des pics asturiens typiques ayant la même patine, le même état de fraîcheur. Il est impossible de déceler la moindre usure laissant supposer un décalage chronologique possible parmi ces instruments.

Il semble, finalement, que les pièces archéologiques découvertes en place dans nos stratigraphies se rapportent à deux niveaux asturiens assez voisins l'un de l'autre bien que successifs. Peut-être le nombre relativement modeste des pièces recueillies ne permettait pas de déceler les différences. C'est, en tout cas, les mêmes types de pièce que l'on trouve dans les deux étages, en proportion sensiblement identique.

Du point de vue chronologique, ces pièces doivent être rapprochées de celles découvertes en stratigraphie dans les grottes des Asturies dans des niveaux post-glaciaires, au dessus du Paléolithique supérieur et même de l'Azilien. Les recherches du Pr. Noon semblent le confirmer pour le Portugal. Cet auteur, en effet, signale dans un travail de géographie sur les régions côtières de la Galice, à Mougas, au Sud de Bayona, donc dans une région très voisine de notre secteur d'étude, des sédiments noirâtres, humifères, fossilisés qui semblent correspondre au limon noir que l'on peut observer à la base des niveaux à pièces asturiennes du Nord-Portugal, de Carreço à Ancora. Or, H. Noon rapporte ces niveaux à la fin de la glaciation de Würm, sur la foi de deux datations au radiocarbone qui ont donné 18 200 B.P. soit 16 250 pour un prélèvement effectué au milieu de sa coupe, et 11 650 B.P. soit 9 500 avant J.C. pour un échantillon du niveau supérieur (12).

Si les limons noirs étudiés par H. Noon correspondent bien à ceux des plages portugaises, ce qui est probable, l'occupation de la plage de 5 - 8 mètres serait bien asturienne et se placerait postérieurement à - 9 500.

LE PROBLEME DES PIECES ROULEES PAR LA MER

En dehors des pièces trouvées dans les coupes de terrain dont nous venons de parler, une très grande quantité d'outils asturiens se ramassent à la surface du sol. De nombreuses pièces, par exemple, se trouvent sur toute la surface de la plage fossile de 5 - 8 mètres, sans doute remontées au moment des labours par le soc des charrues. Mais l' immense majorité se rencontre en contrebas de cette même plage, du pied même du talus fossile jusqu'à la mer actuelle, sans doute à cause du dé-mantellement des niveaux en place par l'érosion. En tout cas ces pièces ne sont pas là à leur place initiale. Leur position immédiatement en des-sous de niveaux en place indique, semble-t-il, leur véritable origine.

Mais parmi les pièces qui jonchent le sol, un certain nombre d'entre elles sont roulées et possèdent des arêtes usées par la mer. Aussi un problème se pose : en dépit de l'origine sans doute commune à toutes ces pièces, ne faut-il pas accorder une valeur chronologique plus ancienne aux outils roulés ? Ne doit-on pas dissocier les pièces roulées des pièces fraîches ? Autrement dit : quelle chronologie faut-il donner à l'outillage frais et à l'outillage roulé ?

Le problème se pose de lui-même lorsqu'on trouve des outils si usés qu'ils sont défigurés, ce qui pourrait laisser supposer une beaucoup plus grande antiquité que les outils aux arêtes fraîches. On sait, d'ail-leurs, que les recherches de H. Breuil et G. Zbyszewski de 1942 sur les gisements paléolithiques du Portugal, furent pour leur majeure partie orientées sur le postulat, plus ou moins implicite, que les pièces rou-lées trouvées sur les plages étaient, en principe, plus anciennes que les pièces fraîches (4). D'ailleurs, la plupart des classements des outillages rencontrés sur les gisements étudiés par ces auteurs étaient fondés sur ce critère, critère utilisé encore actuellement par G. Zbyszewski (17). Sans doute ce postulat est-il souvent étayé par des ob-servations pertinentes et des faits précis qu'il est impossible de contes-ter. Mais il restait à en tracer les limites et à voir s'il s'appliquait sans réserve aux pièces asturiennes.

C'est pour résoudre ce problème que j'ai recueilli, en 1967, devant le talus de la plage de 5 - 8 mètres d'Areosa, deux séries de pièces, prises au hasard, dans le même secteur, comprenant cent pièces fraîches et cent pièces roulées, pour étudier la constitution typologique des deux échantillons. Je pensais, alors, que si un décalage de temps notable séparait les deux lots, des différences typologiques nettes apparaîtraient nécessairement. Un écart typologique important devait cor-respondre à une forte différence chronologique. La différence de struc-ture des deux outillages permettrait ainsi de mesurer l'écart de temps séparant les deux ensembles.

Mais les résultats n'ont pas confirmé cette hypothèse. En effet, les deux lots de galets comprenaient les outils suivants :

Série roulée : 100 pièces

dont   21 pics asturiens
                  3 monofaces
                 65 choppers
                  5 chopping-tools
                  3 poids à pêche
                  2 éclats
                  1 galet fendu

Série fraîche   100 pièces

dont   18 pics asturiens
                  2 monofaces
                 52 choppers
                  1 chopping-tool
                 14 poids à pêche
                 11 éclats
                  2 galets fendus

Sans doute des différences apparaissent-elles dans la composition des deux échantillons. Le nombre des poids de pêche (3 % et 14 %),
celui des éclats (2 % et 11 %) par exemple diffère sensiblement d'une
série à l'autre. Mais les outils fondamentaux, les plus caractéristiques
de la civilisation asturienne, se retrouvent dans les mêmes proportions
dans les deux groupes. En tout cas, le pourcentage des pics asturiens
21 % et 18 %) celui des monofaces (3 % et 2 %), celui des choppers (65%
et 52 %) sont tout à fait comparables et très voisins. Les courbes cumulatives établies à cette occasion pour les deux séries se recoupent,
confirmant, à l'évidence, ce résultat en faisant éclater l'identité des
deux séries. Ainsi, à la place de la rupture typologique attendue, voire
de l'opposition des deux lots de pièces, il ressort la similitude des
deux ensembles, autant dans leur composition que dans leur pourcentage.

Le postulat d'un décalage chronologique entre les outils
usés et les outils frais de ces plages ne résiste donc pas à l'épreuve
des faits. Les deux séries appartenant manifestement à la même civilisation industrielle. L'usure des arêtes, les traces de roulage ne peuvent
donc correspondre à une différence d'âge. Mais la mer a dû rouler acci-
dentellement certains outils et l'altération profonde de quelques instruments est le résultat de la force et de la violence des vagues qui
ont certainement vite fait de modifier profondément une pièce. D'ailleurs la typologie des pièces roulées ne diffère en rien de celle des
pièces fraîches. Ce sont, en tout cas, les mêmes genres de choppers,
les mêmes types de pic, même s'ils ont été profondément altérés. On
peut en faire facilement l'expérience, presque à chaque pas, sur le
terrain.

Finalement, sauf cas bien particulier, l'usure de certaines
pièces asturiennes de ce littoral ne nous autorise pas à les dissocier des pièces fraîches et à leur accorder une chronologie plus ancienne. Dans un même horizon, certains outils ont pu être roulés par
la mer. La présence constante de celle-ci à quelques mètres des sites
archéologiques, explique, sans doute, mieux qu'une chronologie différente cette différence dans l'état de fraîcheur des galets.

L'OUTILLAGE ASTURIEN DE SURFACE

        Devant l'énorme quantité de pièces archéologiques qui pullulent
sur toutes les plages portugaises entre Lima et Minho, une étude de typologie fine utilisant largement les statistiques s'impose si l'on veut
tracer le profil de cette civilisation à partir de tous les documents
disponibles. C'est à ce travail que je me suis attaché depuis 1966.
Actuellement j'ai inventorié, étudié, dessiné, porté sur fiche 4 738
outils. Ce total paraît suffisamment large pour dresser la liste typologique des instruments utilisés par les Asturiens dans ce secteur.
        Pour cette étude typologique, j'ai emprunté les grands prin-
cipes de ma classification des choppers, qui sont très abondants dans
l'Asturien,à V.Ranov qui avait proposé une typologie des galets aménagés, en 1966, à partir de ses travaux sur le gisement de Kara Boura (13)
Sans doute, les sites à galets d'Asie Centrale sont-ils sans relation
avec ceux du Portugal. Mais les principes de Ranov sont suffisamment
souples pour être adaptés à des industries très différentes comme celle
des Asturiens du Portugal. Ranov, en effet, tient compte de deux éléments
fondamentaux pour classer les galets aménagés, notamment les choppers.
C'est d'abord l'emplacement du tranchant sur le galet.Suivant la place
de ce tranchant sur la pièce la préhension de l'outil s'effectue de
façon différente, ce qui implique des actes techniques différents. Pour
les galets du Portugal, j'ai retenu deux positions du tranchant. En
bout de galet, il s'agit de choppers transversaux, sur le grand côté
ce sont des choppers latéraux. De plus, Ranov fait intervenir la forme
des tranchants. Celui-ci est, en effet, la partie active de l'instrument. Une différence dans la forme du tranchant suppose une destination
différente des outils donc d'autres fonctions pour la pièce. Pour le
Portugal, j'ai retenu les tranchants convexes, concaves, droit,oblique,
mais j'ai ajouté aux types de Ranov les tranchants sinueux, à deux pans
isocèles, à deux pans inégaux, à un enlèvement médian, à un enlèvement
décalé à droite ou à gauche.
        Une telle classification permet de répertorier la totalité des
choppers de ce littoral.
        L'étude statistique des outillages de surface de ces plages
confirme à l'évidence ce que l'on constate au cours des recherches sur
le terrain : l'outillage asturien est dominé par deux instruments fondamentaux, le chopper et le pic.
        Sous l'appellation de chopper, j'ai placé les galets aménagés
présentant un tranchant simple, obtenu par un petit nombre d'enlèvements
sur une seule face. Les choppers sont les outils les plus fréquents. Ils
constituent à peu près la moitié de l'outillage (49,8 %). Mais ils sont
plus ou moins abondants selon les sites. Toutefois son indice ne tombe
jamais au-dessous de 36 (plage de marée basse d'Areosa), mais n'atteint
que rarement 75 (plage d'Afife). Les choppers transversaux sont partout

11

les plus nombreux (79,9 %). Dans cette catégorie, les choppers à tranchant convexe dominent largement (57,8 %). Les droits (10,07 %), les concaves (10,04 %), les obliques (10,01 %) se trouvent à peu près à égalité. Beaucoup plus rares, en revanche, sont les sinueux (4,5 %), les choppers à un enlèvement unique médian (1,4 %), les choppers à un enlèvement déjeté à gauche (1,07 %). Représentés seulement par quelques spécimens sont, enfin, les choppers à tranchant à deux pans inégaux et les choppers à un enlèvement décalé à droite. C'est tout à fait normal pour cette dernière catégorie d'instruments, ce genre de pièce exigeant pour son utilisation sa préhension par la main gauche, puisque la partie active de l'outil est à droite. En principe donc, seuls des gauchers devraient pouvoir utiliser cet outil. Parmi les choppers latéraux (20,1 %), les outils à tranchant convexe sont également les plus nombreux (49 %), suivis, de loin, par les choppers à tranchant droit (20 %), concave (11,7 %), sinueux (10,1 %), oblique (4,5 %), à deux pans isocèles (2,6 %), les choppers à deux pans inégaux n'étant représentés que par quelques instruments. Ces résultats sont résumés et matérialisés dans les graphiques et statistiques de la figure 16. Ils montrent la diversité des outillages de l' Asturien. Le chopper n'implique pas en tout cas, comme on l'a écrit parfois, des actions simples et stéréotypées. La diversité des formes du tranchant implique, au contraire, des actes multiples et variés.

Comme le chopper, le pic est également très répandu dans les gisements asturiens du Portugal. C'est, de plus, l'outil le plus caractéristique de cette civilisation, son véritable fossile directeur, si ce terme a encore un sens. Les pics asturiens sont des instruments sur galet pourvus d'une forte pointe bien dégagée par des retouches unifaciales. suivant la section de cette pointe on distinguera les pics à pointe triédrique (80,8 %) et les pics à pointe quadrangulaire (19,2 %) beaucoup plus rares. Très exceptionnels sont les pics-bifaces qui portent,en plus d'une pointe de section triédrique comme les autres pics, des retouches sur la face habituellement brute, sans que celles-ci aient modifié la morphologie de l'outil.

Quelques exemplaires de pics à pointe triédrique et à pointe triangulaire présentent également une pointe déjetée. Plus nombreux sont des pics à pointe seulement amorcée. J'en ai recensé 8,9 % à pointe triédrique, 2,2 % à pointe quadrangulaire. Mais, dans les deux cas, il s'agit de pièces à pointe timide et de longueur très limitée. Ce caractère permet de distinguer ce genre d'instrument du pic véritable. J'ai parfois dénommé cette pièce proto-pic. Mais le proto-pic n' apparaît pas comme un instrument chronologiquement antérieur au pic véritable.Ce n'est pas non plus une forme dégénérée de cet outil, donc postérieure. Les deux espèces d'outil coexistent sur tous les gisements et il est impossible d'établir une quelconque antériorité de l'un par rapport à l'autre.

Entre Lima et Minho, l'indice du pic est de 26,7 pour les sites asturiens étudiés. Autrement dit, dans ces gisements un outil sur quatre est un pic asturien. Sans doute le pourcentage des pics n'est-il pas stable et varie-t-il d'un site à l'autre. Mais il reste toujours élevé et se situé, au moins dans les gisements étudiés, entre 11 % (site de Afife) et 38,3 % (plage de marée basse de Areosa).

Outre les choppers et les pics, les plages du Nord du Portugal, entre Lima et Minho, livrent constamment des monofaces, des chopping-tools et des poids à pêche.

Les monofaces ont été longtemps assimilés aux pics. R. de Serpa
Pinto par exemple, dans sa monographie d'Ancora, les dénomme "pics arrondis"
à cause de leur tranchant curviligne (14). Mais, justement à cause de
ce tranchant, cet outil ne saurait être rangé dans la catégorie des pics.
Le pic asturien présente, en effet, à la place d'un tranchant une forte pointe. Sa morphologie est donc tout à fait différente. Une telle dis-
semblance dans la partie active de ces instruments ne permet donc aucune confusion entre eux. Elle suggère d'ailleurs des utilisations très
différentes.

Plus tard, H. Breuil et G. Zbyszewski ont assimilé les monofaces et les bifaces (4). Très récemment, G. Zbyszewski parle encore
de "coups de poings unifaces" dans l'Asturien du Portugal (17). Ce rap-
prochement fait supposer à Breuil que les plages où l'on rencontre
cote à cote pics asturiens et monofaces livrent en réalité deux industrie différentes, de l'Asturien et de l'Acheuléen. Quant à G. Zbyszewski
il suppose que les pics associés aux monofaces sont plus anciens que les
véritables pics asturiens et il parle alors de "pics languedociens", ou
bien il vieillit, d'une façon que je crois excessive, les ensembles
asturiens, n'hésitant pas à leur donner une chronologie parallèle à
celle du Moustérien (18).

J'ai réagi, en 1973, contre cette manière de faire (9). Je
crois que les monofaces, en dépit de leur ressemblance avec les bifaces,
parfaitement contemporains de l'Asturien et sans aucun rapport avec l'
Acheuléen. La similitude des formes est fortuite. D'ailleurs les monofaces, comme leur nom l'indique sont toujours taillés sur une seule face,
ce qui les distingue des véritables bifaces. De plus, ils sont constamment mêlés sur les plages asturiennes aux instruments asturiens et se
trouvent dans des gisements où l'on ne rencontre aucun vrai biface
attribuable à l'Acheuléen. Enfin, j'en ai trouvé plusieurs exemplaires,
en place, dans des niveaux asturiens bien datés par des pics typiques
et indiscutables. Aussi, dès mes premiers travaux sur l'Asturien du
Portugal, ai-je réservé une place à part à ces instruments en les pla-
çant dans une catégorie originale, celle des monofaces.

Sous cette appellation je groupe des pièces de forme plus ou
moins ovalaires, à l'extrémité distale arrondie, présentant sur une
seule face un tranchant continu formé par des retouches envahissantes,
le talon de la pièce, seulement, demeurant réservé.

Le terme de monoface indique clairement, semble-t-il, qu'il
s'agit d'une pièce taillée sur un seul côté et non des deux comme le
biface. De plus, cette désignation paraît préférable à celle d'uniface,
ce terme étant surtout utilisé par les préhistoriens pour désigner des
outils fabriqués à partir d'un éclat. Or tous les monofaces portugais
sont, au contraire, façonnés directement dans des galets et jamais tirés d'éclats, pourtant nombreux sur ces plages.

Rien n'indiquant que les monofaces aient une valeur chronologique différente des pics asturiens, cet instrument semble intimement
associé au pic. Ainsi le pourcentage des monofaces est-il nettement
plus élevé dans les gisements où les pics sont nombreux que dans ceux
où ils sont plus rares. Autrement dit le nombre des monofaces augmente
ou diminue en même temps que celui des pics. Ceci montre bien la relation intime qui lie ces deux catégories d'instruments. Ainsi, sur la
plage de marée basse d'Areosa, pour 600 outil examinés, j'ai recensé
38,3 % de pics et 9,3 % de monofaces. Sur celle d'Ancora-Minho, près

13

de Moledo, sur 700 pièces, 30 % étaient des pics et 8,2 % des monofaces. Par contre, à Gelfa, pour 300 outils, les pics sont moins abondants (16,3 %) et les monofaces aussi (3,3 %). C'est également le cas
à Afife où, pour 200 pièces, j'ai compté 11 % de pics seulement mais
aussi très peu de monofaces (0,5 %).

Il semble donc qu'entre Lima et Minho le pourcentage des monofaces soit directement proportionnel à celui des pics et qu'il en
épouse étroitement les variations.

Des variations assez importantes des formes des monofaces de
cette région permet d'en distinguer cinq espèces qui constituent autant de catégories d'instruments. C'est ainsi que l'on remarque des monofaces discoïdes, ovalaires, triangulaires, trapézoïdaux, à bords
concaves. Les ovalaires sont partout les plus nombreux. Ainsi à Areosa,
sur 55 monofaces, j'ai recensé 24 ovalaires, 19 à bords concaves, 8
triangulaires, 2 discoïdes, 2 trapézoïdaux.

Quelle que soit la forme de ces instruments, l'immense majorité d'entre eux ont leur base réservée, c'est-à-dire non taillée. Il
s'agit donc d'instruments qui devaient être tenus en main, la base de
la pièce servant à la préhension. Quelques pièces cependant ont un
côté réservé et non pas la base, d'autres, plus rarement encore, sont
entièrement taillés d'un seul côté, ce qui montre qu'il s'agit toujours de monofaces.

De toute façon, les monofaces sont présents dans tous les
sites asturiens du Nord du Portugal, mais leur importance numérique
est toujours limitée. Pour l'ensemble des gisements étudiés entre
Lima et Minho, les statistiques leur accordent seulement un indice
général de 5,8.

Les chopping-tools contrairement aux choppers et peut être
corrélativement sont toujours rares dans les gisements asturiens que
j'ai étudiés. Leur indice moyen est 2,1 et il n'atteint qu'exception-
nellement 6 à Gelfa. Mais le recencement de l'outillage dans ce secteur s'est milité à 300 pièces, ce qui est relativement peu. Le pourcentage de Gelfa n'est donc pas très indicatif. Mais le site voisin
d'Afife confirme la rareté du chopping-tool asturien. Cet instrument
est, en effet, si rare sur ce site qu'aucun outil de ce type n'y a été
découvert au cours de mes recherches.

Les chopping-tools asturiens se répartissent en deux grandes
catégories :
            - les chopping-tools latéraux (42 %)
            - les chopping-tools transversaux (58 %)
Chacune de ces catégories comprend cinq espèces d'instruments. Il y a,
d'abord, les chopping-tools à enlèvement unique sur les deux faces. Ce
sont, ensuite, les chopping-tools à enlèvement unique décalé sur chaque
face. Autrement dit, les enlèvements ne se recoupent que partiellement.
J'ai également trouvé des chopping-tools à enlèvements multiples sur une
face recoupés par un enlèvement unique sur l'autre. C'est d'ailleurs
l'espèce la mieux représentée sur ces sites puisque 37 % des chopping-
tools de ce secteur entrent dans cette catégorie. On remarque, d'ailleurs, que sur ce genre d'instrument le grand enlèvement unique est
d'une façon quasi-générale postérieur aux enlèvements multiples de l'
autre face. Une autre catégorie de chopping-tool comprend des instruments constitués par des enlèvements multiples sur les deux faces. Enfin,
on trouve dans les gisements asturiens de cette région un type de

chopping-tool assez original. Il s'agit d'un chopping-tool à enlèvement multiple sur les deux faces formant un tranchant à deux pans
isocèles.

J'appelle poids de pêche des galets, plus ou moins ovalaires,
encochés aux deux extrémités, qui ont pu servir à lester des filets ou
engins de pêche. Cette pièce occupe une place relativement modeste parmi l'outillage asturien puisqu'elle ne représente que 2,9 % de l'ensemble. Mais ce genre d'instrument semble encore plus rare dans les
Cantabres (5).

Les poids de pêche asturiens se subdivisent en plusieurs catégories selon leur forme et le type des encoches sur le galet.

Les plus fréquents sont des poids sur galets ovalaires allongés (63,5 %), viennent ensuite les poids sur galets circulaires (21,5 %),
puis les poids en forme de 8 avec des encoches sur l'épaisseur du galet (12,7 %), enfin les poids sur galet de forme trapézoïdale (1,9 %)

Mais les deux premières de ces catégories peuvent se subdi-
viser suivant l'emplacement et le nombre des encoches sur le galet.

Les poids ovalaires encochés aux deux extrémités sur une
seule face apparaissent alors les plus nombreux (43,1 %). Ils devan-
cent les poids circulaires encochés d'un seul côté (18,6 %), mais
aussi les poids ovalaires portant une encoche alternativement sur une
face et sur l'autre (7,8 %) et les poids circulaires à encoche double
sur les deux faces (2,9 %). Quelques exemplaires seulement sont circulaires avec double encoche latérale.

Outre les choppers, les pics asturiens, les monofaces, les
chopping-tools, les poids à pêche, les sites asturiens du Nord du
Portugal livrent, en moindre quantité et souvent de façon très restrein-
te, de nombreux autres outils. Parmi ceux-ci, on dénombre des grattoirs,
des racloirs de divers types, des disques, des palets-disques, des retouchoirs, des rostro-carénés, des polyédres, des micro-choppers et
des micro-chopping-tools, ce qui montre la très grande variété de cet
outillage secondaire.

Les grattoirs asturiens sont rares. Les quelques exemplaires
que j'ai découverts étaient des instruments fabriqués à partir de pla-
quettes de galets. La partie active de l'outil était constituée de retouches abruptes ou quasi-abruptes ce qui ferait de ces pièces autant
des grattoirs que des raclettes.

Les racloirs asturiens sont de plusieurs types. Certains ont
été fabriqués à partir de galets fendus. La partie active de la pièce
se trouve alors sur la face d'éclatement du galet. Mais les plus nombreux sont des instruments ovalaires allongés, d'une quinzaine de
centimètres de longueur pour six ou sept de large, taillés sur toute
une face. Cet outil a un peu l'allure d'un monoface. Mais il s'en
distingue par son allongement et surtout par sa section dissymétrique,
un de ses bords formant un dos épais du fait de retouches latérales
semi-abruptes ou abruptes, l'autre présentant un tranchant continu
dégagé par des retouches plates ou très obliques. Ce dispositif suggère l'utilisation de la pièce comme racloir, le bord tranchant étant
la partie active, le bord épais pouvant servir à la préhension.

J'appelle disque asturien de grands galets circulaires assez
plats, présentant des enlèvements périphériques plus ou moins continus
sur le pourtour. Ces enlèvements sont souvent obliques et même très
obliques et mordent assez peu sur la pièce.

Les palets-disques de l'Asturien répondent parfaitement au genre de pièces définies par Breuil lors de ses recherches sur les terrasses fossiles de la Garonne. Ce sont, en effet, toujours des galets de forme aplatie et discoïde ayant conservé leur cortex sur la face supérieure et inférieure, le pourtour étant abattu par une série plus ou moins continue d'enlèvements. J'ai dit, plus haut, pourquoi ce genre d'outil ne pouvait être le fossile directeur de la civilisation dite "languedocienne". En tout cas, il est, au Portugal, intimement mêlé aux ensembles asturiens et rien n'autorise de l'en dissocier.

J'appelle retouchoir une pièce d'une quinzaine de centimètres de longueur, sur galet entièrement épannelé sur toute une face, en forme de bâtonnet à section quadrangulaire, avec une extrémité en pointe mousse. Celle-ci est souvent polie par l'usure. Le terme de retouchoir employé parfois pour certaines pièces campigniennes assez identiques semble pouvoir s'appliquer à cette catégorie d'instruments, sans préjuger pour autant de son utilisation ni de ses origines.

La plupart de ces outils sont plats, leur épaisseur n'excède pas trois centimètres. D'autres sont plus épais, d'allure carénée, leur épaisseur atteignant cinq centimètres. Mais l'usure des pointes paraît identique et leur usage ne semble guère avoir été très différent.

Les rosto-carénés présents dans l'Asturien du Portugal sont des pièces pourvues d'un bec épais et solide, dégagé par des retouches abruptes à l'extrémité d'un galet à face ventrale plate. Cette face ventrale est, suivant les cas, soit naturelle, soit constituée artificiellement en fendant le galet en deux d'un grand coup de percuteur. Ce genre de pièce reste toutefois très rare dans l'outillage asturien. Mais j'en ai trouvé quelques exemplaires et il faut les signaler.

Bien qu'également peu nombreux, quelques polyédres se rencontrent dans les gisements asturiens du Portugal. Parmi ceux-ci, on remarque des boules polyédriques à arête zigzaguée, c'est-à-dire des polyédres de forme globuleuse presque entièrement épannelés mais présentant quelques éléments de tranchant sinueux. Ce genre de pièce a été parfois signalé ailleurs que dans l'Asturien. Breuil l'appelle "percuteur tranchant" (4) et P. Biberson l'a repertorié dans la catégorie III_2 de sa liste typologique des galets aménagés au Maghreb et au Sahara (1).

Les autres polyédres asturiens paraissent plus originaux.

Il existe notamment dans les gisements asturiens portugais des boules polyédriques à double enlèvement latéraux. Ce sont des polyédres globuleux, sans aucun élément à base réservée, sans aucun élément de tranchant, entaillés de part et d'autre par un grand enlèvement latéral.

Plusieurs fois des choppers portant un enlèvement latéral ont été signalés, notamment en Israel, à Ubediya, par le Professeur Stékélis (15), mais également au Maghreb et au Sahara, par P. Biberson (1). Mais il s'agissait de choppers et non de polyédres. De plus, ces pièces ne portaient qu'un enlèvement latéral et non deux enlèvements symétriques de chaque côté de l'instrument. En tout cas, aucun polyédre à enlèvements latéraux ne semble figurer dans les outillages de ces régions. Peut être ce genre de pièce est-il particulier à l'Asturien du Portugal. De toute façon, c'est un outil peu fréquent.

16

La boule à surface polyédrique en bout de galet peut passer également pour un instrument original, peut être aussi typiquement asturien. Il s'agit, en tout cas, d'un outil sur galet presque sphérique, simplement épannelé sur une portion limitée au bord supérieur par des petits enlèvements formant une surface convexe. Clark en signale quelques exemplaires similaires à Liencres (5) comme des percuteurs. Mais cette attribution est à proscrire, les véritables percuteurs n'étant pas retouchés et portent seulement des étoilures, résultat de chocs, à la place des retouches.

L'outillage asturien du Portugal comprend, enfin, un certain nombre de très petits choppers et chopping-tools que l'on peut soit décompter dans les statistiques avec les choppers traditionnels soit placer dans une catégorie à part. C'est la seconde solution qui m'a paru préférable, la petitesse de ces outils les distingant très nettement des choppers habituels. La taille réduite de ces pièces est, en effet, très certainement volontaire. Il ne peut s'agir en tout cas d'outils correspondant à un facies d'indigence comme on en rencontre lorsque la matière première est rare. Les galets de quartzite sont en effet presque innombrables sur toutes les plages asturiennes, où on les trouve à profusion. Les asturiens ont donc délibéremment choisi de très petits galets parmi une multitude de galets bruts pour fabriquer ces très petits outils.

J'ai classé dans la catégorie des micro-choppers ou des micro-chopping-tools tout instrument de ces catégories qui mesure moins de cinq centimètres de longueur, ainsi que des pièces de dimension un peu supérieure, mais dont la largeur n'excède pas quatre centimètres. Il m'a semblé en effet utile de prendre en considération la largeur de l'instrument au même titre que sa longueur pour attribuer ou refuser le caractère microlithique à un outil sur galet de taille réduite.

Etant donné le nombre relativement restreint des micro-choppers parmi les outillages asturiens du Portugal il est difficile d'en recenser tous les types d'une façon complète et définitive. Mais il existe des micro-choppers à tranchant concave, convexe, oblique. Quant aux micro-chopping-tools ils semblent relativement fréquents. De toute façon ces pièces aux dimensions réduites contrastent et même s'opposent aux énormes choppers de vingt centimètres de longueur, parfois même davantage, qu'on trouve fréquemment dans tous les gisements asturiens étudiés.

Des micro-choppers et des micro-chopping-tools ont parfois été signalés dans d'autres industries que les industries asturiennes. Ainsi, un petit outillage sur micro-galet attribué à un Moustérien local a été trouvé en Italie dans la région des Marais Pontins. Il est connu sous le nom de Pontinien. Les pièces mesurent trois ou quatre centimètres de longueur moyenne. De même, à Vertesszollos, en Hongrie, dans un site daté du début de la glaciation de Mindel, l'outillage est constitué de très petits instruments sur galets souvent de trois ou quatre centimètres. Mais la petitesse de ces outillages semble être la conséquence d'une pénurie de matière première. D'ailleurs, toutes les pièces sont de dimension réduite. Il s'agit donc de faciès d'indigence résultant de la rareté de la matière première sur place.

En revanche, L. Leakey a signalé à Olduvai des micro-choppers parmi d'autres outils de dimension normale. Plus récemment, P. Biberson

a découvert dans la Pré-Acheuléen du Maroc une mini-industrie constituée d'instruments de quatre à cinq centimètres de haut (2), mêlée à
une macro-industrie de choppers, formant un même ensemble industriel.
A Olduvai, comme au Maroc, comme dans l'Asturien, cette miniaturisation semble bien avoir été volontaire.

Fabriqués dans une région où les galets de quartzite pullu-
lent, les micro-choppers asturiens ne peuvent, en tout cas, s'expli-
quer par le manque de matière première. Ils paraissent plutôt résulter
d'une miniaturisation voulue et délibérée. Peut être de tels instruments
étaient-ils conçus pour des taches minutieuses pour lesquels les choppers
de taille normale étaient mal adaptés, leurs dimensions ne permettant
pas la précision désirée.

LE DEBITAGE DES GALETS DE QUARTZITE PAR LES ASTURIENS

Plusieurs sortes d'éclats accompagnent l'outillage sur galet des Asturiens. Tous sont d'ailleurs des éclats tirés de galets de quartzite comme toutes les pièces de cette civilisation.

On remarque, d'abord, dans tous les sites asturiens du Nord du Portugal, de simples éclats de quartzite provenant de nuclei polyédriques, de forme cubique, qu'on trouve également dans ces gisements. Ces éclats ont été débités, sans doute par percussion directe, c'est-à-dire bloc contre bloc, à l'aide d'un gros percuteur ou sur enclume dormante, ceux-ci produisant fréquemment plusieurs bulbes de percussion sur l'éclat. Le plan de frappe du nucleus est une surface régularisée par l'enlèvement d'éclats à l'extrémité du galet. Celui-ci, prend ensuite sa forme définitive par débitage sur toute sa périphérie. Quelquefois le plan de frappe n'est que partiellement débarrassé de son cortex. Aussi certains éclats possèdent-ils une plage de cortex sur le plan de frappe. De toute façon, les éclats obtenus par les Asturiens sont souvent allongés, le plan de frappe et la face d'éclatement formant un angle ouvert, supérieur à l'angle droit, comme c'est fréquent lorsqu' on utilise la technique de débitage dite clactonienne, la seule efficace pour ce genre de matériau semble-t-il, c'est-à-dire la percussion directe bloc contre bloc, non pas seulement avec une enclume dormante, mais, aussi, à l'aide d'un très gros percuteur. Des essais en Laboratoire nous ont permis d'obtenir des éclats similaires à l'aide de cette technique.

De nombreux galets fendus se rencontrent également sur tous les gisements asturiens. Certaines de ces pièces, celles aux dimensions les plus modestes notamment, sont certainement des déchets de fabrication de gros choppers à un seul enlèvement médian. Par contre, beaucoup d'autres apparaissent comme des galets fendus en deux en oblique, d'une façon systématique, donc volontaire. D'ailleurs, ce genre de pièce disparaît complètement sur les plages que n'ont pas occupées les Asturiens et où il n'existe que des galets bruts, c'est-à-dire aucun galet taillé par l'homme, preuve qu'il ne s'agit pas de simples galets fendus naturellement par la mer.

Quelques uns de ces galets fendus en deux ont parfois été retouchés en racloir. Ils portent une série continue de retouches sur la bordure de la face d'éclatement. Je les ai évoqués plus haut. Mais le plus grand nombre ne porte aucune espèce de retouche et ne présente que quelques ébréchures sur les bords qui peuvent avoir été accidentelles. Aussi l'usage de tels instruments est-il hypothétique, bien que leur production intentionnelle ne semble pas discutable.

Outre ces galets fendus en oblique dont je viens de parler, les gisements asturiens du Nord du Portugal livrent des portions de galets, également énigmatiques. En tout cas, ces portions de galets présentent

très souvent deux plans obliques qui se recoupent suivant un angle assez voisin de l'angle droit. Cette forme semble priviligiée dans tous
les gisements de cette région. Sa fréquence suggère fortement qu'elle
est intentionnelle. D'ailleurs, comme les galets fendus, ce genre d'
instrument ne se trouve pas en dehors des sites occupés par les
Asturiens. Aucune plage n'offrant que des galets naturels ne m'a jamais livré la moindre pièce de cette catégorie.

Ces portions de galets semblent avoir été fabriqués en deux
temps, selon une méthode qui ne varie guère. D'abord, le galet brut a
été fendu, en oblique, sa partie latérale ayant servi de plan de frappe.
Puis une deuxième coup de percuteur donné sur la face du cortex a dé-
taché, sur la portion de galet déjà obtenue, une partie de celui-ci,
donnant à la pièce son aspect définitif, les deux enlèvements successifs se recoupant presque à angle droit. Ce genre de débitage se retrouve à partir des stigmates de choc et des traces de débitage lisibles sur plusieurs de ces instruments. Des essais en Laboratoire nous
ont permis après quelques tâtonnements d'obtenir des pièces similaires
à l'aide de la technique que je viens de décrire.

Quoiqu'il en soit, le mode d'utilisation de cette pièce nous
échappe complètement. Peut-être la pointe dièdre était-elle utilisée
à la façon d'un très gros burin. Mais ce n'est là qu'une hypothèse.

Parmi les éclats que l'on trouve sur toutes les plages asturiennes entre le Lima et le Minho, un grand nombre d'entre eux possèdent une forme typique et originale. Il s'agit d'éclats de huit à
dix centimètres de longueur moyenne, portant une plage de cortex, véritable dos naturel, sur le bord arqué de l'éclat, avec, à l'opposé, un
tranchant rectiligne présentant toujours quelques retouches ou des
écaillures d'utilisation. En somme, ce sont là des éclats à bord naturel plus ou moins arqué selon la courbure du galet de départ, les
traces d'utilisation du tranchant suggèrant des couteaux à dos naturel, comme ceux qui existent notamment dans l'outillage des Mousté-
riens de tradition acheuléenne, civilisation certainement sans rapport avec l'Asturien étant donné le décalage chronologique.

Les éclats à dos naturel ont été systématiquement produits
par les Asturiens : leur forme est constante, leur débitage identique,
le bulbe de percussion toujours sous la plage de cortex du dos. Tous
les éclats à dos naturel que j'ai pu examiner sur ces gisements étaient
parfaitement similaires.

L'examen de ces pièces, notamment la localisation des esquilles
et des chocs de débitage, mais aussi de nombreux essais en Laboratoire
permettent de se faire une idée sur la façon de produire ces instruments.

Les Asturiens semblent avoir choisi au départ des galets allongés un peu dissymétriques, possédant une face latérale assez plate
d'un côté. Puis prenant comme plan de frappe la face la plus plate du
galet, en frappant un grand coup de percuteur en oblique, ils décalo-
taient le galet, obtenant, d'ailleurs, un chapeau de nucléus possédant
un plan d'éclatement oblique. Ce genre de chapeau se retrouve en abondance sur tous les sites asturiens de cette région. Grâce à lui, il
est facile de retrouver le geste qui l'a produit. Ensuite, les Asturiens ont débité les éclats à dos en utilisant un nouveau plan de frappe
sur le galet. Un coup de percuteur, à deux ou trois centimètres du bord
du galet, un ou deux centimètres en dessous de l'enlèvement du chapeau,

permet d'obtenir un premier éclat à dos. Ensuite, il n'y a plus qu'
à recommencer l'opération, en frappant le nucléus quelques centimètres en dessous du point de percussion qui a produit le premier
éclat à dos, toujours à deux ou trois centimètres du bord, pour produire un nouvel éclat. Par ce procédé, résumé dans la figure 39 nous
avons nous-mêmes obtenu, après quelques difficultés de mise au point,
des éclats à dos tout à fait typiques.

LE GENRE DE VIE DES ASTURIENS DU NORD DU PORTUGAL

La grande densité des outillages asturiens sur toutes les
plages du Nord du Portugal montre la très nette concentration des
communautés asturiennes sur cette plage côtière entre Lima et Minho.
La civilisation asturienne est, en effet, essentiellement littorale,
les Asturiens occupant surtout sinon exclusivement, les plages en
bordure de l'Océan.

Cette région n'est pourtant pas particulièrement attractive.
Ce n'est certainement pas la plus agréable du Portugal. Sans doute, le
climat est-il tempéré, de type océanique, et les paysages toujours
frais et verts. Mais, très exposée aux vents et aux pertubations venues
de l'Atlantique, tout ce secteur est particulièrement humide et connaît
un climat instable avec des températures très variables. La côte est
d'ailleurs souvent noyée dans la brume et le crachin, même l'été. Il
y pleut également beaucoup surtout pendant le printemps et l'hiver.
Enfin un courant froid balaye les côtes de ses eaux glacées ce qui
rafraichit encore le pays.

De telles conditions n'ont pu attirer ni favoriser l'épanouis-
sement de la civilisation asturienne. Celle-ci paraît reléguée sur une
terre difficile donc naturellement vouée à mener une existence attardée
sinon misérable. C'est l'impression qui ressort d'ailleurs également
de l'examen de l'outillage asturien. Constitué surtout de pièces taillées
à grands éclats d'une façon grossière, comprenant beaucoup de choppers,
outil archaïque par excellence, en tout cas un des moins élaborés qui
soient, sa monotonie, son archaïsme sont ses caractères les plus ap-
parents.

Mais il faut nuancer très sérieusement ce point de vue. L'
étude statistique de l'outillage des Asturiens montre, non pas la
pauvreté mais la variété et la complexité de cette industrie qui, fondée
sur un nombre restreint de catégories d'instruments a su multiplier les
variantes nécessaires à des activités différenciées, impliquant des
actes techniques divers et élaborés. J'ai recencé notamment, sur les
sites asturiens portugais, dix-sept espèces de choppers, sans doute sus-
cités par des activités variées différentes, sept espèces de pics, cinq
sortes de monofaces, cinq genres de chopping-tools, au moins quatre
types de poids à pêche. De plus la panoplie asturienne se complète volontiers de grattoirs, racloirs de plusieurs genres, disques, palets-
disques, polyèdres de diverses espèces, micro-choppers et micro-chopping-tools, éclats, galets fendus, portions de galets, éclats à dos.

En somme, l'outillage asturien comprend, sans doute, un
nombre restreint d'instruments fondamentaux. Mais les outils asturiens
ne se limitent pas à quelques pièces taillées à grands éclats, de
façon uniforme. Ils apparaissent, au contraire, parfaitement différen-
ciés et spécifiques car, à partir du pic et du chopper, les Asturiens

ont multiplié les variantes pour créer finalement un outillage suffisamment riche et varié.

En tout cas, avec un pareil équipement, il est difficile de faire des communautés asturiennes de groupes humains arriérés, vivant une existence misérable, seulement équipés de quelques outils grossiers et rudimentaires ne permettant que des actions limitées, routinières et stéréotypées. Les Asturiens ne se sont pas assujetis à quelques formes d'outils, ce qui dénoterait une vie enlisée dans la routine et l'uniformité. Leurs instruments sont assez variés, assez nombreux pour répondre aux nécessités les plus diverses. La variété des formes des outils suggère la variété des activités et marque l'ingénieux effort de ces groupes pour tirer de la nature les moyens de leur subsistance ou, du moins, de leur survivance.

De toute façon, l'immense majorité des instruments qui composent l'outillage des Asturiens possèdent un talon réservé c'est-à-dire une surface naturelle largement conservée à la base. Ils ont donc été conçus pour être utilisés directement à la main, sans avoir à être emmanchés ou placés dans une gaine. D'ailleurs, l'épaisseur des talons de la plupart de ces outils s'y oppose. Toutefois, quelques instruments ont pu être insérés dans une emmanchure, soit que leur talon soit plus plat et de faible épaisseur, soit que des encoches latérales suggèrent qu'ils ont pu être attachés au cours de leur utilisation. C'est le cas, par exemple, pour un gros chopping-tool à tranchant droit trouvé à Ancora qui porte deux encoches symétriques, une à chaque extrémité du galet, sur le même côté, laissant supposer que cet outil était attaché et non pas tenu directement dans la main. Mais ce genre d'aménagement est très exceptionnel et ne concerne qu'un nombre très restreint de pièces. Ainsi, on peut supposer que quelques choppers ont pu être tenus dans une gaine, notamment ceux dont la base porte des retouches pas assez obliques pour former un deuxième tranchant, mais suffisamment pour amincir le talon de l'outil. Mais ce genre de dispositif reste également assez rare. Finalement, l'immense majorité des pièces asturiennes paraissent avoir été utilisées directement, sans intermédiaire, bien que ce soit moins sûr pour quelques instruments.

Le pic asturien, outil fondamental de cette civilisation, fossile directeur ou, du moins fossile indicateur de l'Asturien, est considéré par H. Breuil comme un instrument pour récolter les mollusques sur les récifs côtiers. La forte pointe de l'outil devait servir à détacher les coquillages des rochers. C'est, en tout cas, une possibilité d'utilisation que ne démentent pas les essais que nous avons effectués à l'aide de cet instrument dans ce secteur. Le pic asturien permet, en effet, d'enlever des rochers, très facilement, les moules et les fruits de mer, très abondants sur ce littoral. De toute façon, il est évident que c'est la pointe du pic asturien qui est la partie active de cet instrument. D'ailleurs quelques uns de ces outils ont leur pointe ravivée par des retouches sur la face brute qui leur donne une forme en biseau et tend à rapprocher cette pièce du ciseau. C'est du moins ce que suggère cet aménagement.

En tout cas, sur tous les pics asturiens que j'ai pu examiner les traces d'utilisation se localisent toujours sur la pointe, la face brute du galet portant des stigmates de choc sous la forme d'esquilles ou d'enlèvements d'un ou deux petits éclats. L'examen systématique de ces esquilles sur cent pics asturiens pris au hasard sur ces plages

montre que, dans 53 % des cas, celles-ci se concentrent sur la partie
centrale de la pointe. En revanche, 26 % des traces de choc se situent
sur la partie gauche de la pointe, très près de l'extrémité d'ailleurs,
et 11 % des indices d'utilisation sont nets sur la partie droite de
l'extrémité de la pointe. Comme ces traces d'usage sont souvent très
apparentes et facilement repérables du fait d'enlèvement d'écailles du
cortex, on peut supposer qu'ils ont été produits à la suite de chocs
violents. Le geste qui a pu les produire est de qu'on pourrait appeler
la percussion lancée : l'outil tenu en main est projeté en direction
de l'objet convoité ou à façonner, la main accompagnant l'instrument
jusqu'à la fin de sa course et ne l'abandonnant jamais. Ainsi, le pic
asturien devait être tenu en main, la partie retouchée contre la paume,
puis lancé de la façon que je viens de décrire vers l'objet. Cette
manière de procéder permet de reproduire en Laboratoire les traces d'
utilisations décelées sur les pics des Asturiens. Mais cette percussion paraît souvent avoir été un peu oblique, l'angle d'attaque de la
matière se faisant avec un certain décalage vers la gauche. Les écaillures provoquées par les chocs localisés sur 26 % des pics sur la partie gauche de l'extrémité de leurs pointes, s'expliquent de cette façon. En tout cas, c'est selon ce mode de percussion que l'on obtient,
le plus facilement du monde d'ailleurs, des écailleures de la même
espèce que celles observées sur les pics asturiens, à condition qu'
en fin de course le pic butte contre une surface dure, un rocher de
granite, par exemple. Nos expériences en Laboratoire le montrent à
l'évidence. Mais, sur la plage de marée basse d'Areosa, des essais
pour détacher des coquillages des rochers à l'aide de pics asturiens
fabriqués par nos soins pour la circonstance montrent que des esquilles
se détachent fréquemment sur la face brute de l'instrument au cours
de l'opération, ces esquilles se décalant vers la gauche ou la droite
selon l'angle d'attaque de la percussion, un expérimentateur droitier
faisant plus fréquemment des écaillures vers la gauche que vers la
droite. Ce dernier type d'ébréchure est d'ailleurs plutôt le résultat
du hasard, notamment le fait de cogner l'extrémité du pic sur un rocher
à surface irrégulière, que volontaire, semble-t-il.

        Le monoface, autre outil bien particulier de l'Asturien, est
susceptible de donner quelques indications sur les activités qu'il
permettait d'exercer. Comme le pic, cet outil porte sur son tranchant
des traces manifestes d'utilisation. L'étude systématique des tranchants
de vingt-cinq pièces m'a permis de localiser d'une façon précise des
traces d'usage sur tous ces instruments. Sans doute la différence de
forme des monofaces suggère la fonction différente de chacune de ces
espèces d'outils. En tout cas, sur la quasi-totalité des monofaces examinés, des stigmates d'utilisation sont observables sur la partie
latérale gauche de leur tranchant, sous la forme de fines écaillures
obliques groupées, surtout nettes sur le tiers supérieur de la partie
active. Or cela suppose la préhension de l'outil dans la main droite et
des activités de sciage ou de découpage à l'aide de la partie gauche du
tranchant.

        La partie droite de ces instruments ne montre des traces d'
utilisation que pour 14 pièces sur 25, soit seulement dans 56 % des
cas, et la zone distale n'a manifestement servi que pour 11 pièces sur
25, soit pour 44 % d'entre elles, si l'on en juge par les écaillures
d'usage observées.

Outre ces fines retouches d'utilisation, sans doute produites
par des mouvements longitudinaux, on observe sur 17 monofaces de notre
série d'étude, c'est-à-dire sur 60 % d'entre eux, des écaillures bien
localisées sur la partie distale de la face brute de ces outils. Il
s'agit même, souvent, de petits enlèvements, de véritables éclats dé-
tachés par un choc violent ce qui laisse supposer l'utilisation de nos
monofaces comme des hachoirs ou tranchoirs. Comme ces enlèvements sont
localisés sur l'extrémité distale de l'outil et n'apparaissent pas ailleurs sur la pièce, ils sont certainement à rapporter, non à des chocs
fortuits sur une partie vulnérable de l'instrument, mais à son usage
systématique. L'expérimentation en Laboratoire montre d'ailleurs que
de tels enlèvements distaux peuvent s'obtenir en tenant l'instrument
la face retouchée tournée vers l'intérieur de la main, c'est-à-dire vers
la paume, et en portant un coup violent avec la partie distale du
tranchant. Celui-ci en rencontrant, en fin de course, une surface dure,
un bloc de rocher, par exemple, s'ébrèche de la même façon que nos monofaces d'étude.

Finalement, il paraît légitime de supposer que les monofaces
étaient employés d'abord à des sciages qui ont laissé des traces, notamment sur la partie gauche du tranchant, mais que ces outils servaient
aussi à porter des coups violents avec la partie distale de leur tranchant, d'où l'enlèvement de petits éclats, le coup étant porté suffisamment en oblique pour permettre un enlèvement sur la face brute. Bien
sûr, la diversité des formes de cet instrument laisse supposer des fonctions diverses pour cet outil. Mais son utilisation pour couper et
trancher en fait essentiellement un instrument de dépeçage, les coups
portés avec l'extrémité du tranchant pouvant permettre de disloquer
éventuellement les articulations. Peut-être le dépeçage des phoques
et des cétacés, pêchés, chassés ou échoués, en tout cas nombreux sur
ces côtes jusqu'aux époques historiques, était-il l'essentiel de ses
fonctions.

Une autre catégorie d'instrument, les poids à pêche, sont
également révélateurs des activités des Asturiens et de leur genre
de vie dans cette région.

Ces instruments sont destinés à lester les filets ou des
engins de pêche. Cette utilisation n'est pas discutable. Mais ils
supposent que les Asturiens tiraient une partie, au moins, de leur
subsistance de la pêche en mer. Or, si, très souvent, dans les
Cantabres, des coquilles de mollusques figurent dans des niveaux asturiens, indiquant, à juste titre, par leur abondance, une collecte
intensive des fruits de mer, jamais, semble-t-il, des restes de poissons n'ont été signalés dans ces gisements. Sans doute, n'y en avait-
il point dans les déchets de cuisine de ces populations, car il est
impossible que des vertèbres de poisson, par exemple, soient passées
inaperçues. On peut donc supposer que les Asturiens de cette région
étaient surtout des collecteurs de fruits de mer. Mais il n'est pas
sûr qu'ils aient été aussi des pêcheurs, encore moins de grands
pêcheurs.

Au Portugal, en revanche, si nous ne connaissons pas directement les habitudes alimentaires des communautés asturiennes, leurs
déchets de cuisine demeurant inconnus, les poids à pêche, fréquents sur
toutes les plages occupées par ces populations dénotent la place im-
portante de la pêche parmi les activités de ces groupes.

        Mis à part les différence typologiques de détail que nous
avons relevées plus haut sur ces poids, ceux-ci se partagent en deux
grandes catégories. Il y a d'abord des poids de forme ovalaire, souvent allongés, en fuseau. Ce sont, ensuite, des poids circulaires,
plus ou moins sphériques. Or, actuellement, la pêche en mer se pra-
tique en utilisant également deux grandes catégories de poids, entre
autres des poids qui s'assimilent parfaitement aux deux types utilisés
par les Asturiens du Portugal. Il y a d'abord des poids ou des plombs
en olive, surtout employés, en raison de leur forme, pour la pêche à
la traîne, l'engin de pêche étant placé en remorque des embarcations
et balayant la mer à l'arrière des barques lorsque celles-ci sont en
mouvement. Il y a aussi des poids sphériques, prenant volontiers l'
allure d'une montre, plus souvent utilisés pour lester les lignes de
fond ou les filets destinés à la pêche en profondeur sur les fonds
marins. La forme sphérique est d'ailleurs adéquate à ce genre de pêche,
les plombs entraînant le filet ou la ligne au fond, sa pénétration dans
l'eau étant meilleure à cet effet que des poids en forme d'olive.

        Sans que la forme différente des poids asturiens nous assure
formellement de ces deux pratiques de pêche sur les côtes du Nord du Portugal à l'époque asturienne, les similitudes sont telles que ces deux
genres d'activités y sont très probables. En tout cas, il est remarquable
que 63,5 % des poids à filets asturiens aient une forme ovalaire, fusi-
forme, et que leur forme certainement volontaire les destinait naturellement à être utilisés pour la pêche à la traîne. En revanche 21,5 % des
poids asturiens sont circulaires et plus ou moins sphériques ce qui les
appelait à lester plus précisémment les filets ou engins devant descendre
rapidement et se maintenir en profondeur.

        Lorsqu'on sait que la pêche à la traîne est la technique uti-
lisée actuellement pour pêcher les bars, les maquereaux, les sardines,
les merlans, les thons, tous ces poissons se rencontrant d'ailleurs
encore aujourd'hui au large de ces côtes, et que la pêche en profondeur
est la technique de pêche des congres, également nombreux sur ces fonds
marins, on aura une idée des possibilités offertes aux Asturiens par l'
usage de ces pratiques. En tout cas, l'examen des poids à pêche asturiens
et leur classement d'après leur forme suggère la très haute technicité
de la pêche chez les Asturiens qui apparaissent autant comme de grands
pêcheurs que comme de grands collecteurs de coquillages.

        Cette impression se renforce lorsqu'on étudie les séries de
poids asturiens en fonction de leur poids. Dans cette perspective, les
poids asturiens se répartissent en cinq grandes catégories. Les plus
lourds pèsent autour de un kilogramme, mais ce ne sont pas les plus
nombreux. La plupart se placent autour de 350 grammes. C'est la catégorie la mieux représentée, avec quelques spécimens atteignant 500
grammes. Une autre série se situe autour de 250 grammes. Mais on pourrait peut-être la raccorder à la précédente, les Asturiens n'ayant certainement pas des balances aussi précises que les nôtres. Par contre,
deux catégories sont nettement moins lourdes. J'ai trouvé tout une série
de poids entre 80 et 100 grammes. Ce sont d'ailleurs très souvent des
poids en forme de huit. Enfin, il existe chez les Asturiens des poids
de très petite dimension qui n'ont jamais été signalés, pesant en général 50 grammes.

        Il est certain que toutes ces catégories de poids ne sont
pas interchangeables. Chaque espèce devait équiper un engin de pêche

bien défini. Il est évident, en tout cas, que l'on n'employait pas des poids de 50 grammes ou de un kilogramme pour le même usage. Ils ne peuvent lester tous deux le même type d'instruments de pêche. La grande variété des engins de pêche asturiens ressort à l'évidence de ces constatations.

Sur la nature de ces engins, nous sommes réduits à faire des hypothèses. Mais ce que nous savons sur la pêche actuelle nous fournit quelques suggestions.

Les poids les plus légers, ceux de 50 grammes par exemple sont, aujourd'hui, ceux de lignes. Mais il arrive fréquemment qu'on en place cinq ou six sur le même engin. Ainsi, cinq ou six olives de plomb sont actuellement conseillées pour lester une ligne apte à pêcher le bar ou le maquereau. Des poids plus lourds doivent équiper les engins pour pêcher les poissons qui évoluent assez près de la surface, les sardines par exemple. Enfin, les poids les plus lourds sont nécessaires pour les filets devant aller sur le fond marin où se tiennent certains poissons comme le congre. De plus, un poids lourd est indispensable lorsque le courant est fort et risque d'entraîner les filets. Si un poids de 150 grammes suffit pour maintenir un engin de pêche en place lorsqu'il n'y a pas trop de courant, il faut lester les filets avec des poids de un kilogramme, dans le Pas-de-Calais, actuellement, quand le courant est fort.

Finalement, la variété des engins de pêche asturiens, la haute technicité de la pêche asturienne ressort de la multiplicité des formes et des poids des galets destinés à lester les engins de pêche des Asturiens. On peut même se demander si ces populations n'étaient pas davantage pêcheurs que collecteurs de coquillages. Mais, en réalité, ces deux activités sont complémentaires. Elles montrent des groupes humains tirant la plus grande partie de leur subsistance de la mer qui est exploitée systématiquement. Peut-être la pêche et la collecte des mollusques marins était-il le fait de catégories sociales, ou plutôt sexuelles, différentes, les hommes étant pêcheurs pendant que les femmes s'adonnaient à la collecte des fruits de mer. C'est d'ailleurs, encore, souvent, le cas aujourd'hui, sur le littoral de cette région, les hommes étant toujours pêcheurs et les femmes s'occupant d'agriculture et quelquefois, encore, de collecter des coquillages quand elles ne sont pas obligées de ramasser des algues, dans la mer, pour amender leurs champs de maïs.

BIBLIOGRAPHIE

1. BIBERSON   P.   :   Galets aménagés du Maghreb et du Sahara
                          Paris 1966

2. BIBERSON   P.   :   Nouvelles informationssur le Pré-Acheuléen du
                          Villafranchien marocain
                          Estudios dedicados al Professor Dr. Luis PERICOT
                          pages 15 - 28 Barcelone 1973.

3. BREUIL   H.   :   Terrasses et quartzites taillés de la haute
                          Vallée de la Garonne.
                          B.S.P.F. 1937 pages 1 - 27

4. BREUIL   H. et   Contribution à l'étude des industries paléoli-
   ZBYSZEWSKI G   thiques du Portugal et leurs rapports avec la
                          géologie du Quaternaire.
                          Serviços geologicos de Portugal
                          Tome XXIII 369 pages Lisboa 1942
                          Tome XXVI 660 pages Lisboa 1945

5. CLARK   G.A.   Liencres una estacion al aire libre de estilo
                          asturiense cerca de Santander - 84 pages, 27
                          fig. Bilbao 1975.

6. CONDE DE LA VEGA   Paleolitico de Cueto de la Mina - 84 pages
      DE SELLA   Madrid 1916.

7. MEROC   L.   Le Languedocien de la Haute Vallée de la
                          Garonne. Hommage à l'Abbé Breuil.
                          Tome 2 pages 149 - 172 Barcelone 1965.

8. MAURY   J.   Essai de Classement des galets aménagés des
                          plages portugaises entre Rio Lima et Rio Minho ;
                          Travaux de l'Institut d'Art Préhistorique de
                          Toulouse. Tome X 1968 - pages 166 - 180.

9. MAURY   J.   Le monoface pièce méconnue de l'Asturien du
                          Portugal. Travaux de l'Institut d'Art Préhis-
                          torique de l'Université de Toulouse. Tome XIV
                          1973 page 257 - 69.

10. MAURY   J.   La position stratigraphique de l'Asturien des
                          plages portugaises entre Lima et Minho.
                          Travaux de l'Institut d'Art Préhistorique de
                          l'Université de Toulouse ; Tome XVI - 1974 -
                          pages 217 - 238.

11. MAURY   J.   Profil archéologique de l'Asturien du Portugal.
                     Travaux de l'Institut d'Art Préhistorique de
                     l'université de Toulouse - Tome XVIII - 1976.
                     (sous presse)

12. NOON   H.   Les régions côtières de la Galice.
                     592 pages - Faculté des Lettres de Strasbourg 1966

13. RANOV   V.A. Galets aménagés de l'Asie Centrale.
                     Actes du VII Congrès International des Sciences
                     Préhistoriques et protohistoriques.
                     Tome 1 page 231. Prague 1966.

14. SERPA PINTO R.   O Asturiense em Portugal. 44 pages -
                     Porto 1928

15. STEKELIS M.   Archaeological excavations at Ubediya
                     The Israel Academy of Sciences. Jerusalem 1966

16. ZBYSZEWSKI   G. Le Quaternaire du Portugal.
                     Boletim da Sociedade Geologica de Portugal.
                     Volume XII fasc. 1 - 2 . 1957

17. ZBYSZEWSKI   G. L'âge de la pierre taillée au Portugal.
                     Archaeologia - pages 19 - 30 : Mai - Juin 1974.
                     Paris.

18. ZBYSZEWSKI   G. Le niveau quaternaire marin de 5-8 m au Portugal.
    TEIXEIRA   C. Boletim da Sociedade Geologica de Portugal
                     Volume VIII - 8 pages - Lisboa 1949.

19. CHAUCHAT   C.   Le Paléolithique supérieur de la région de Bayonne.
                     Thèse de 3° cycle.
                     Faculté des Lettres de Bordeaux
                     189 pages - 1970.

Fig. 1. Situation de la région étudiée. Les gisement asturiens
sont matérialisés par des X.

Location of the region studied. The Asturian deposits
are marked with an X.

31

Photo 1.   Chopper asturien.

Asturian chopper.

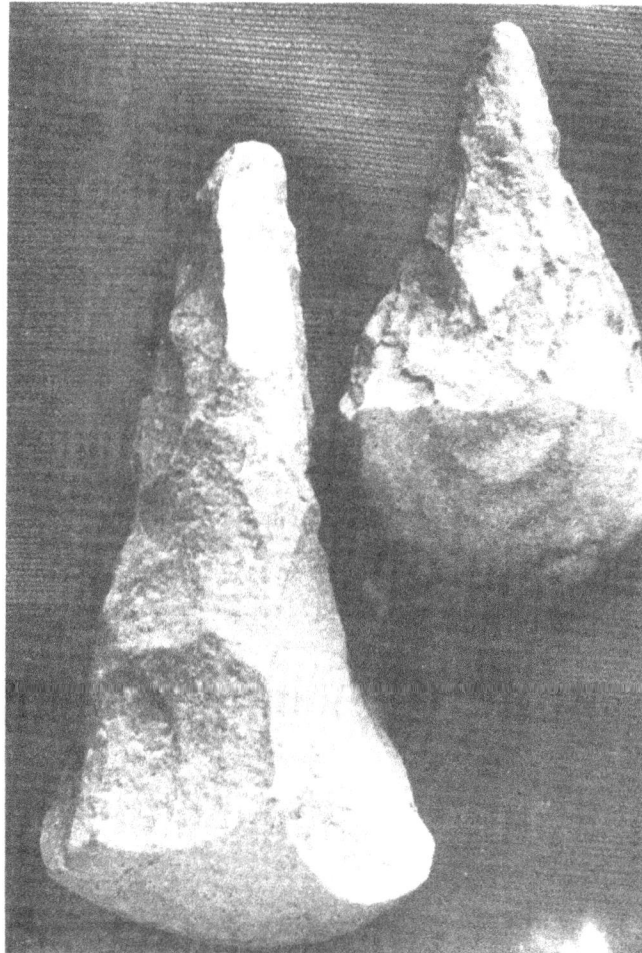

Photo 2.   Pics asturiens.

Asturian picks.

Photo 3:   Une plage à outillage asturien aux environs de Carreço.

A beach near Carreço where an Asturian assemblage was
found.

Photo 4.   Le talus de la plage fossile de 5-8 m prés de la chapelle
d'Ancora au dessus du niveau à limon noir bien visible au
premier plan.

The talus of the 5-8 m fossil beach near the chapel of
Ancora, above the level of the black silt clearly visible in the
foreground.

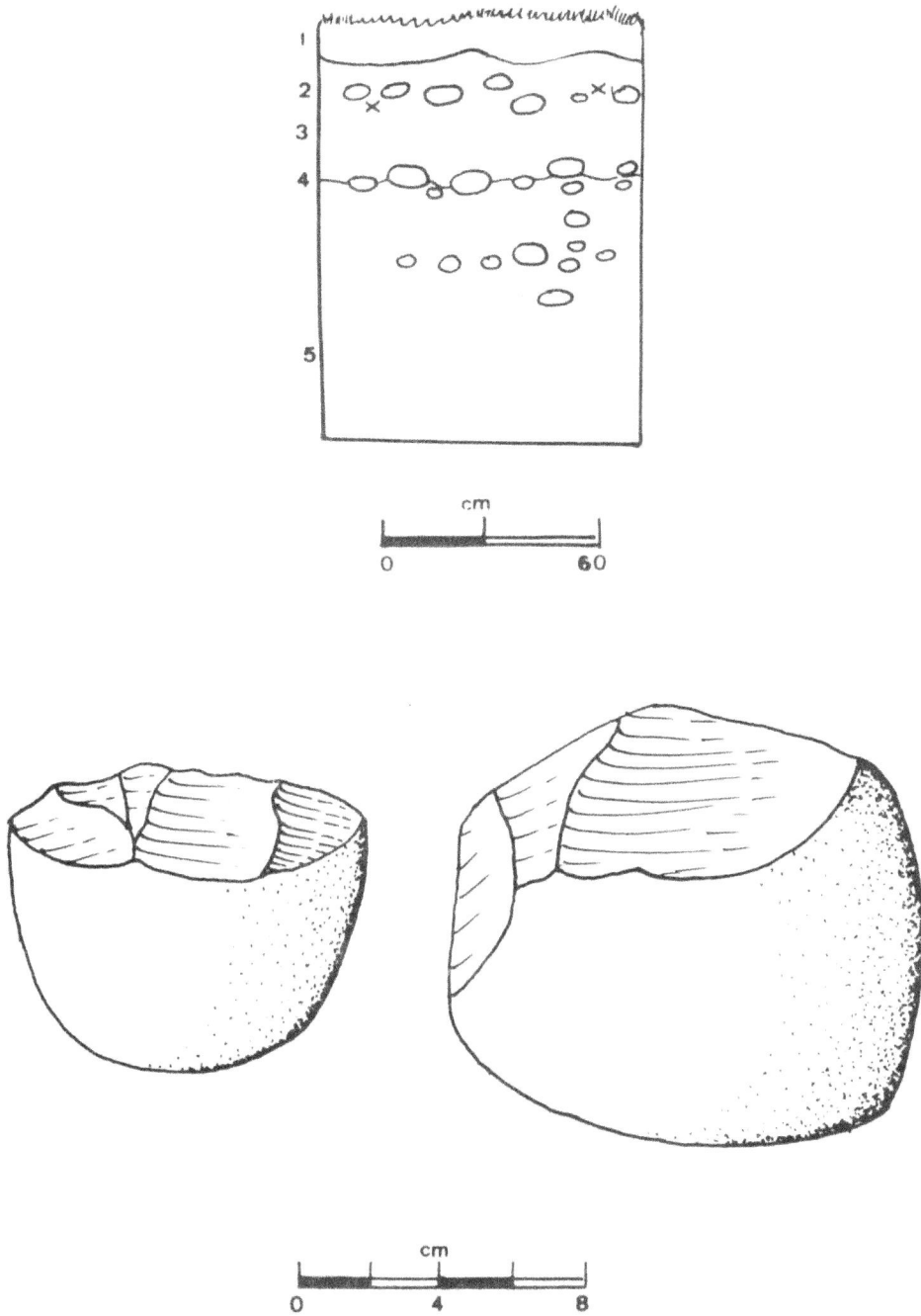

Fig. 2. Première coupe de la plage fossile de 5-8 métres au nord de
Carreço et l'outillage découvert en place.

First cutting in the 5-8 m fossil beach to the north of
Carreço, and the artifacts found in situ.

34

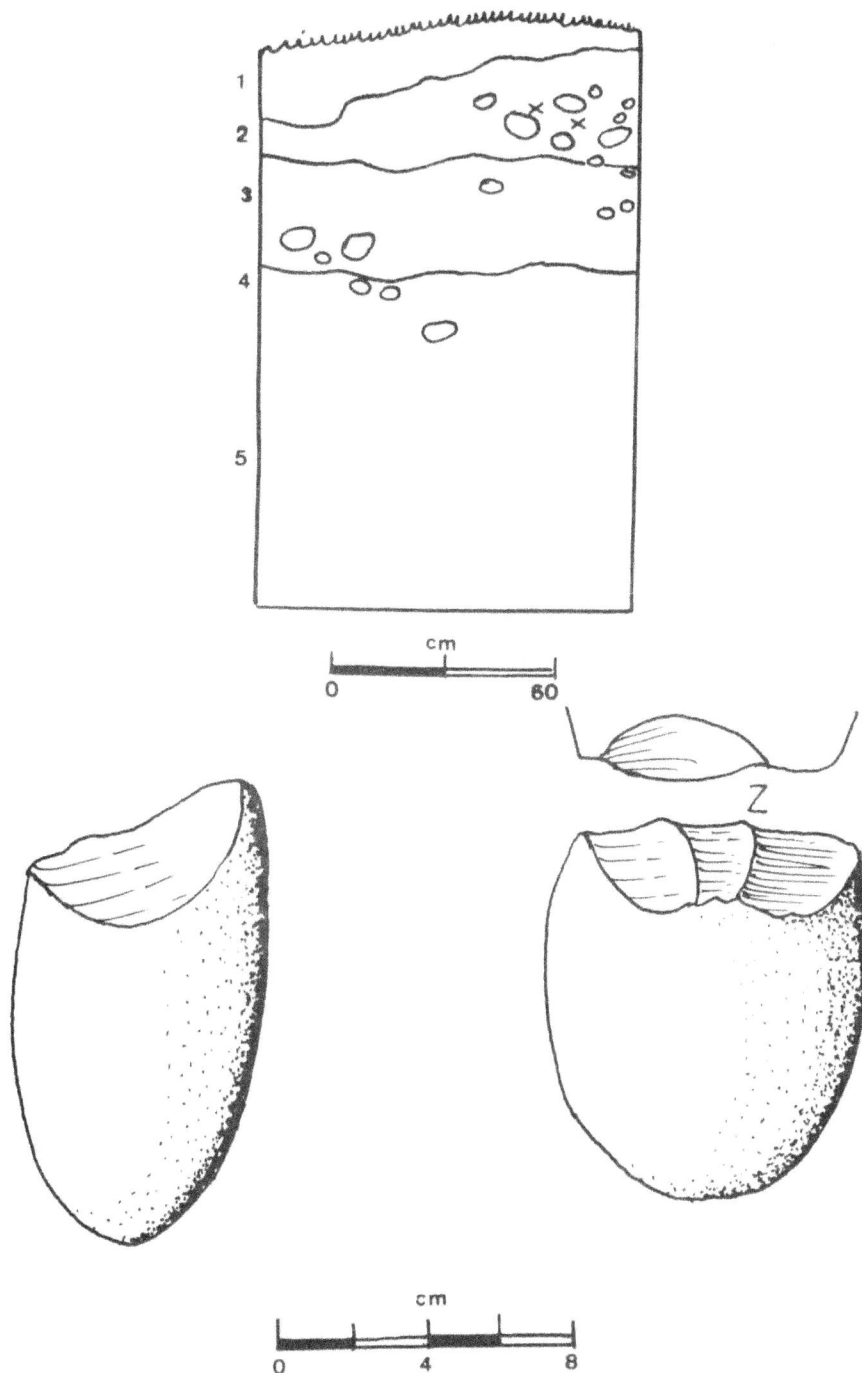

Fig. 3. 2° coupe de la plage de 5-8 mètres du nord de Carreço et
l'outillage découvert en place X: emplacement des trouvailles.

2nd cutting in the 5-8 m fossil beach to the north of
Carreço, and the artifacts found in situ. Position of the artifacts
illustrated.

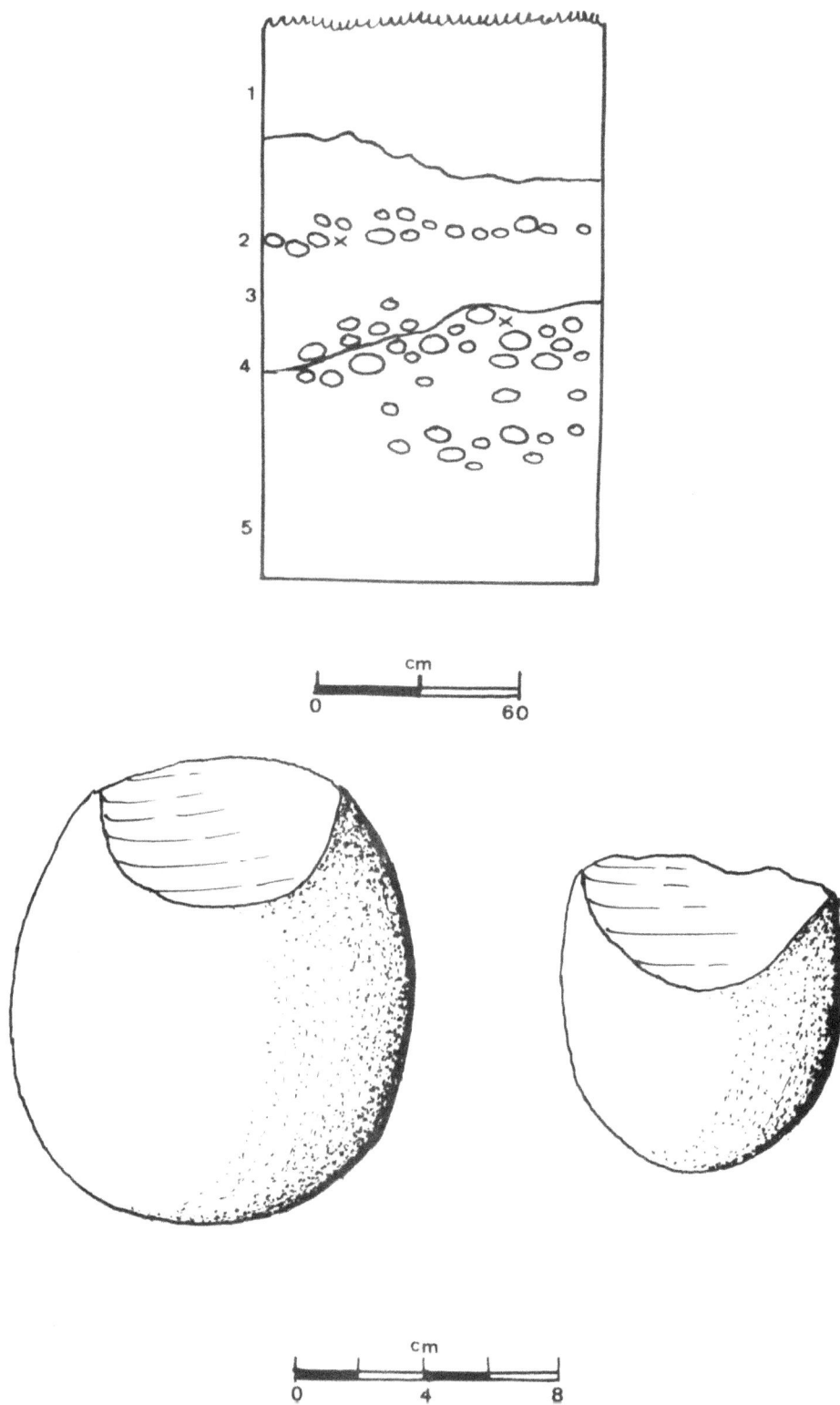

Fig. 4.   3º coupe au nord de Carreço et l'outillage découvert X: emplacement des trouvailles.

3rd cutting to the north of Carreço, and the artifacts found in situ. XX: Position of the artifacts illustrated.

Photo 5. Galets et outillage asturien provenant du démantélement de la plage fossile.

Pebbles and Asturian artifacts revealed by the erosion of the pebble beach.

Photo 6. Coupe de la plage fossile de 5-8 m avec outillage asturien au nord d'Ancora.

Cutting in the 5-8 fossil beach to the north of Ancora, showing Asturien artifacts.

37

Photo 7.   Le talus de la plage fossile de 5-8 m au nord d'Ancora.   Sont
bien visibles les deux niveaux à outillage asturien (1 et 2).   Les
galets et outils qui se trouvent en 3 proviennent du demantelement
des niveaux en place.   A la base le rocher granitique.

The talus of the 5-8 m fossil beach to the north of Ancora,
with the two strata containing Asturian artifacts clearly visible
(1 and 3).   The pebbles and tools in 3 come from deposits that
have been eroded.   Granite rock at the base.

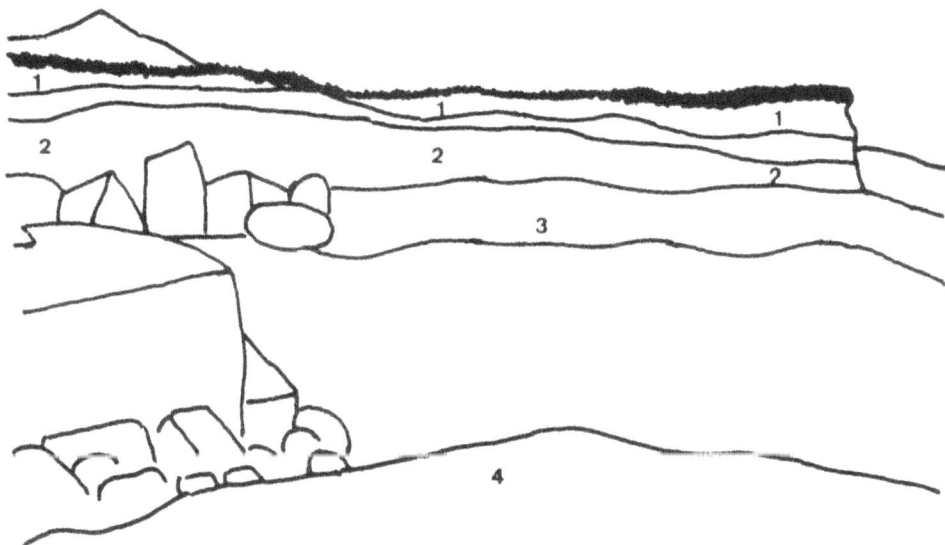

Photo 8. Gros plan de la coupe fossile de 5-8 m au nord d'Ancora.
Close-up of the cutting of the 5-8 m fossil beach north
of Ancora.

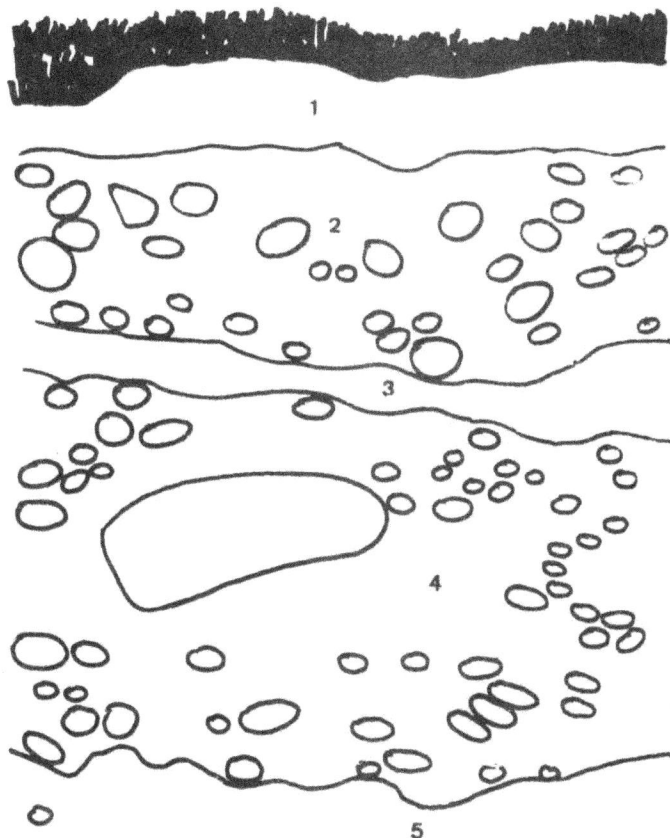

1: sable gris stérile
2: niveau supérieur à outillage
    asturien
3: sable stérile intercalé
4: niveau inférieur à outillage
    asturien
5: limon noir sterile de base

1: Sterile grey sand
2: Upper stratum containing
    Asturian artifacts
3: Intermediate stratum of sand
4: Lower level containing
    Asturian artifacts
5: Black silt floor

Photo 9: Quelques pièces en place dans le niveau supérieur de la plage
fossile de 5-8 m, notamment un chopper.

Some pieces in situ in the upper stratum of the 5-8 m
fossil beach: a chopper is clearly visible.

Photo 10. Quelques pièces en place dans le niveau inférieur de la plage
fossile de 5-8 m, notamment un palet-disque.

Some pieces in situ in the lower stratum of the 5-8 m
fossil beach; a palet-disc can be seen.

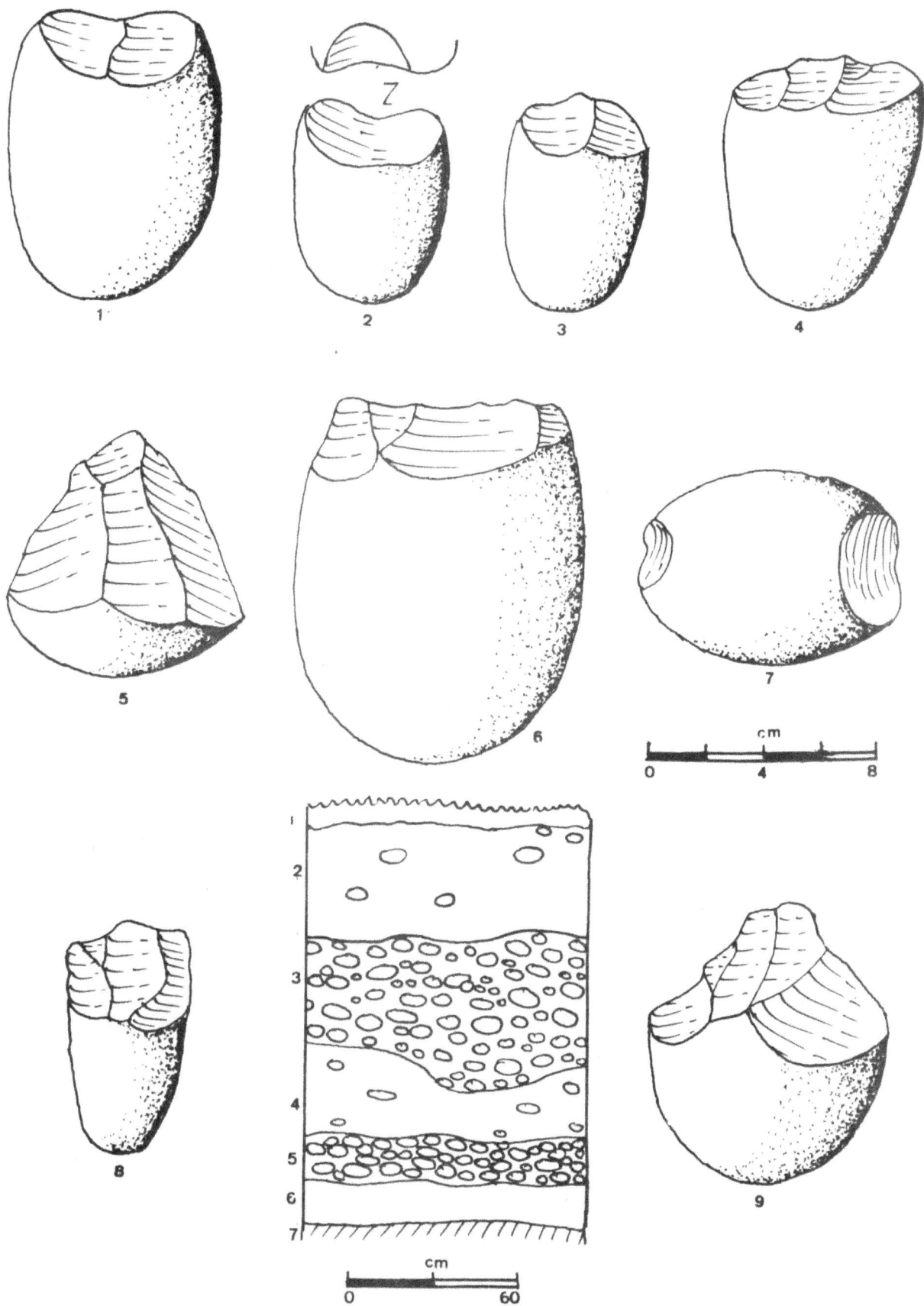

Fig. 5.   Première coupe au nord d'Ancora.
          1-7: outillage découvert en place dans le niveau 3
          8-9: outils du niveau 5

First cutting to the north of Ancora.
          1-7: tools found in situ in level 3
          8-9: tools from level 5

41

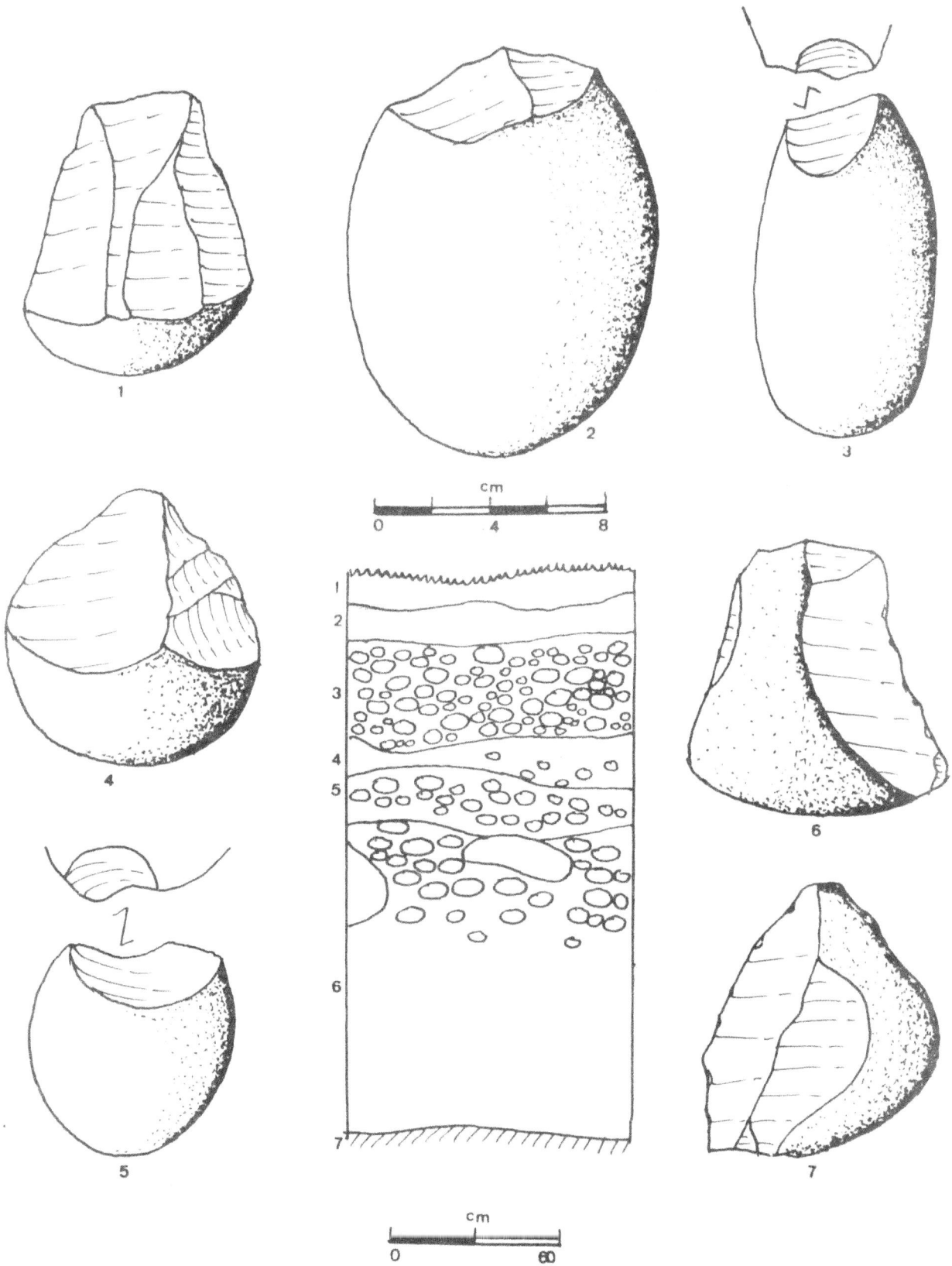

Fig. 6.   2° coupe au nord d'Ancora.
     1-3: pièces trouvées en place dans le niveau 3
     4-7: pièces trouvées en place dans le niveau 5

2nd cutting to the north of Ancora.
     1-3: pieces found in situ in level 3
     4-7: pieces found in situ in level 5

42

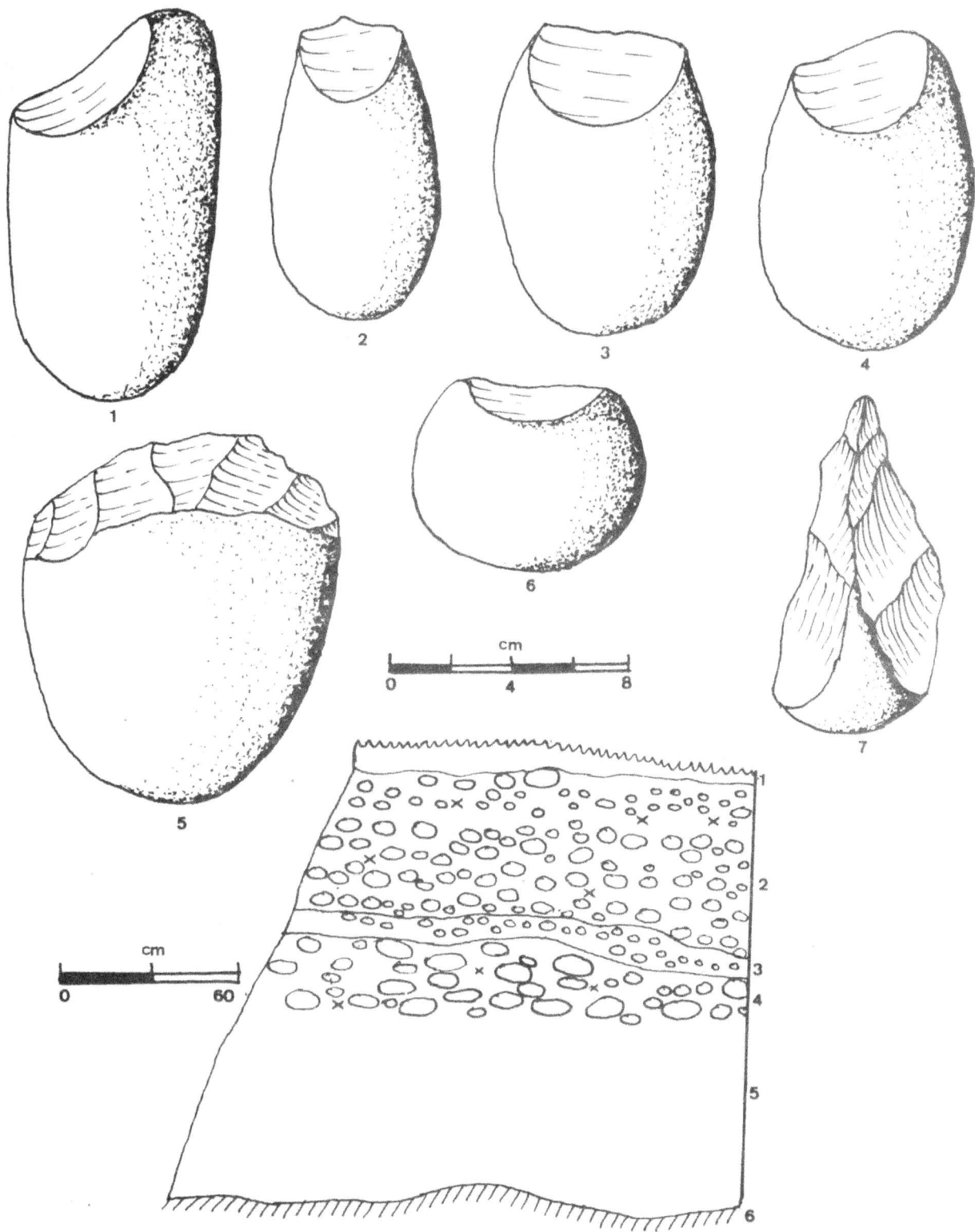

Fig. 7. 3ᵒ coupe au nord d'Ancora.

      1-4: outils trouvés en place dans le niveau 2

      5-7: outils trouvés en place dans le niveau 4

      X : emplacement des trouvailles

3rd cutting to the north of Ancora.

      1-4: artifacts found in situ in level 2

      5-7: artifacts found in situ in level 4

      X marks the position of the finds.

43

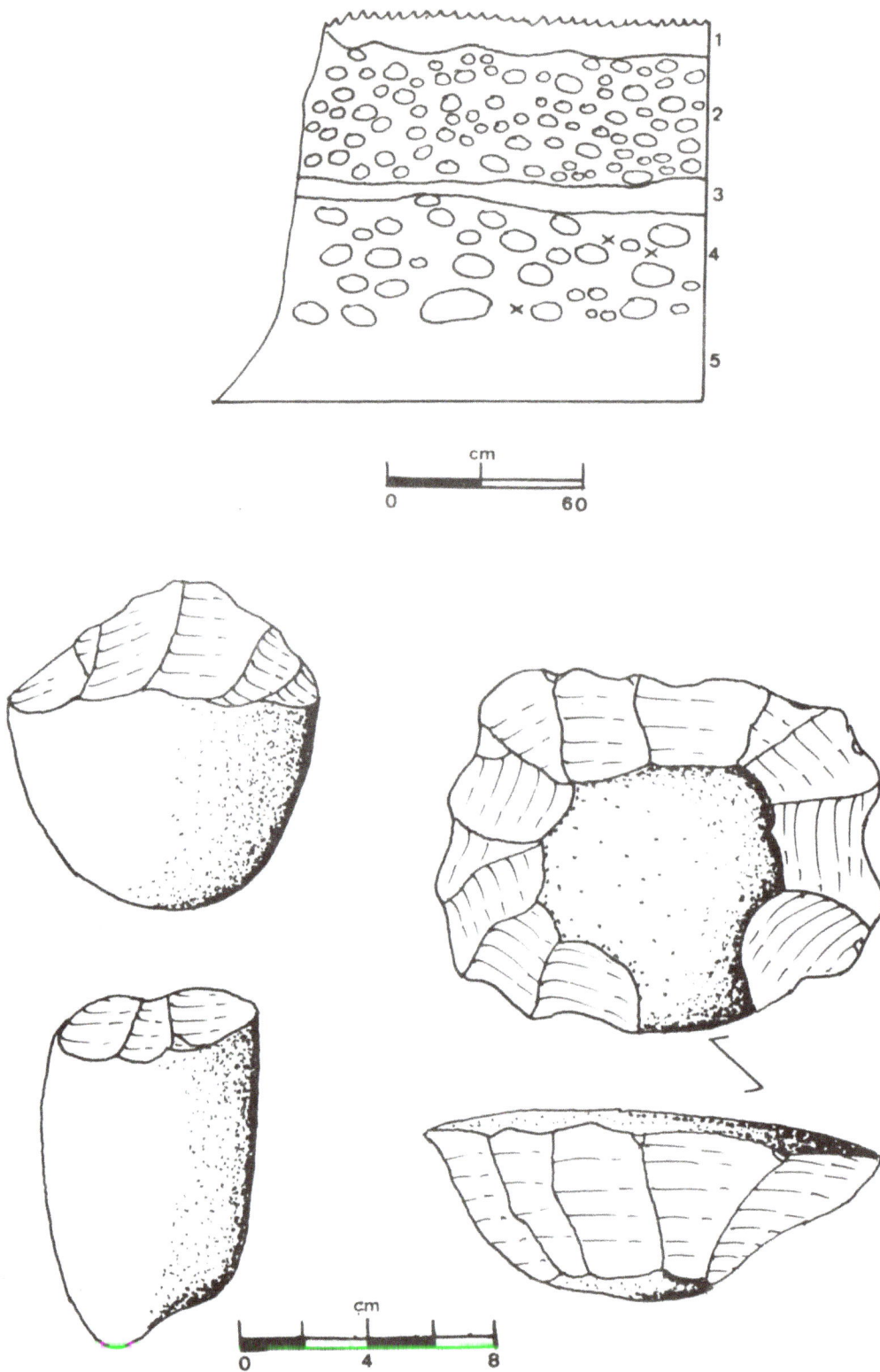

Fig. 8.   4° coupe au nord d'Ancora et l'outillage trouvé en place dans
le niveau 4.

X: emplacement des trouvailles.

4th cutting to the north of Ancora and artifacts found in situ
in level 4.

X shows the position of the finds.

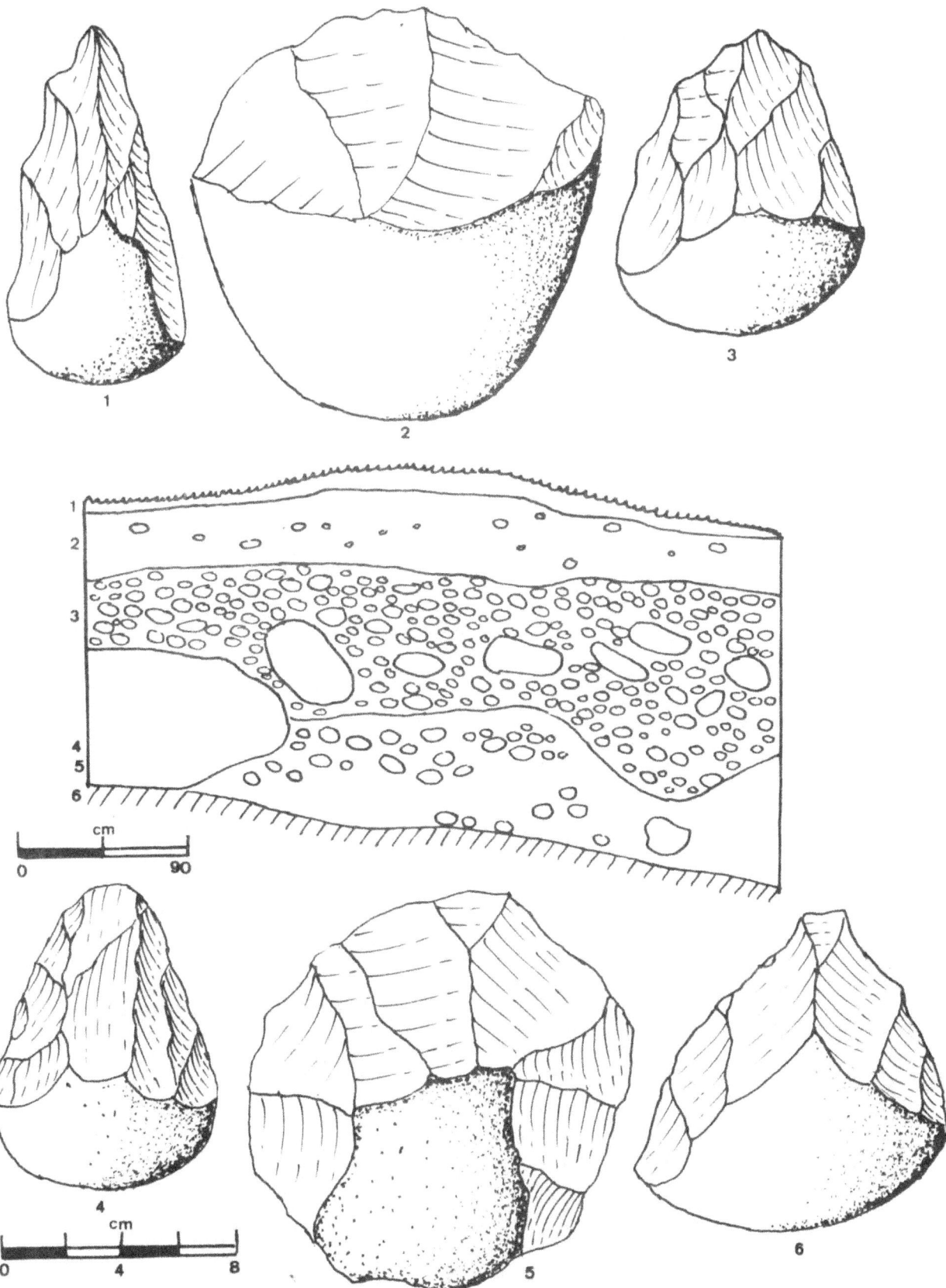

Fig. 9. 1° coupe dans la carrière du nord d'Ancora et quelques
pièces découvertes en place.

       1-3: pièces trouvées dans le niveau 3
       4-6: pieces trouvées dans le niveau 4

1st cutting in the quarry north of Ancora, and some pieces
found in situ.

       1-3: tools from level 3
       4-6: tools from level 4

45

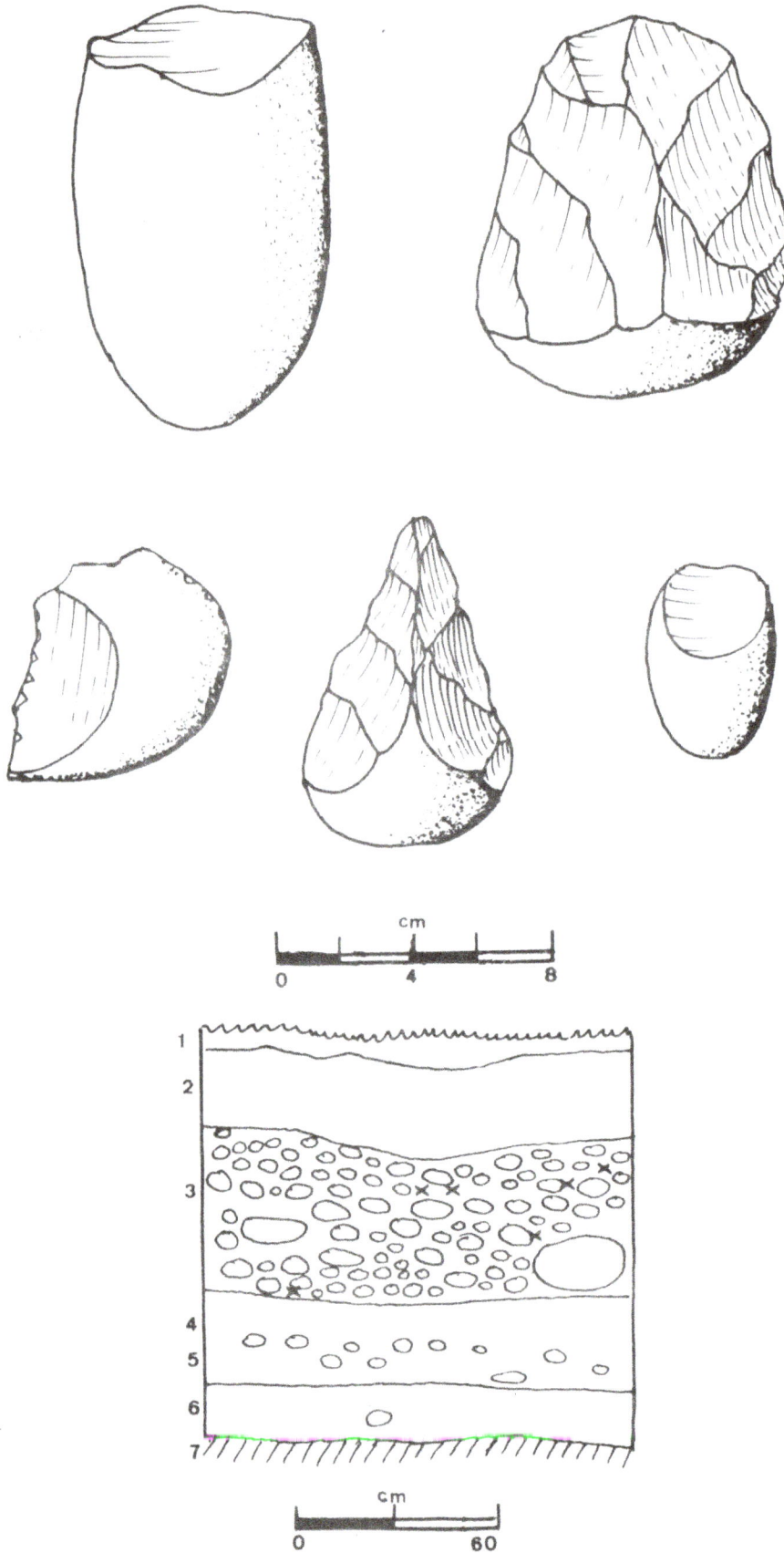

Fig. 10. 2^O coupe dans la carrière au nord d'Ancora face à la mer
et la plupart des pièces découvertes dans le niveau 3.
X: emplacement des trouvailles

2nd cutting in the quarry north of Ancora, facing the sea, and
the majority of the tools found in level 3.
X marks the position of the finds.

46

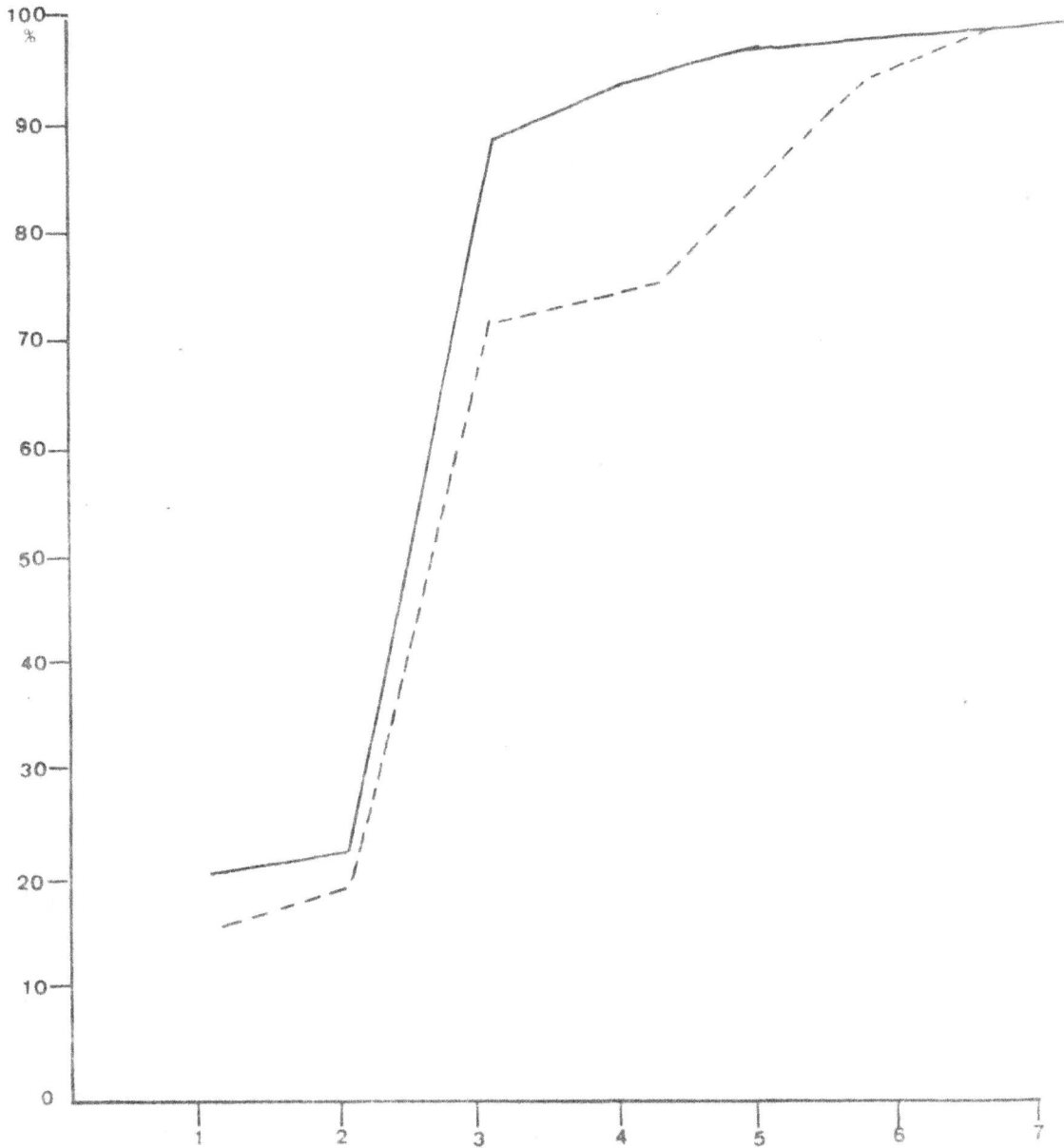

Fig. 11. Courbes cumulatives des pièces roulées et des pièces
fraîches asturiennes faisant ressortir l'identité des deux
séries.

Graph of the curves of rolled and sharp Asturian artifacts,
showing that the two series are alike.

47

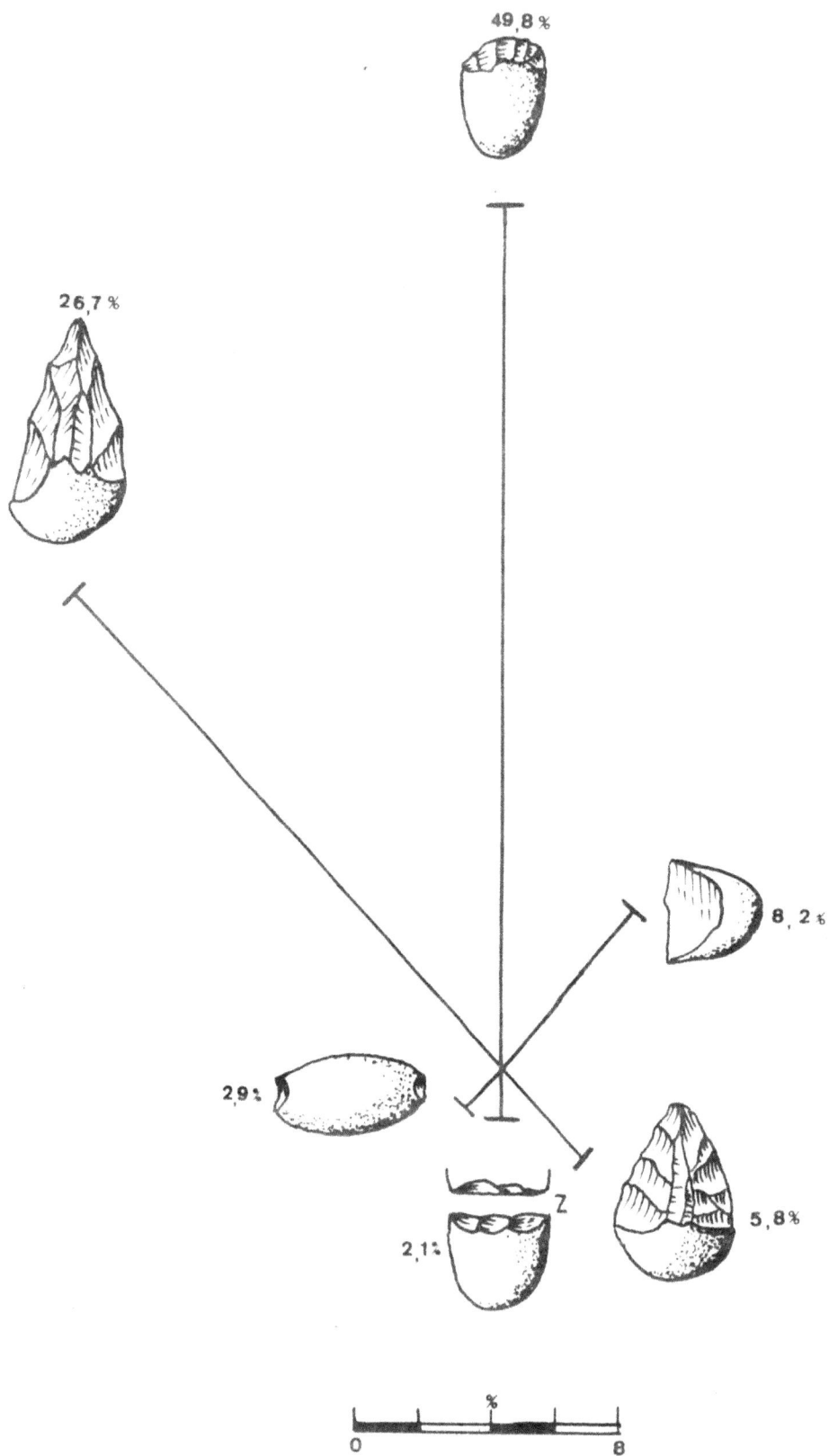

Fig. 12. Graphique comparatif des différents types d'instruments
composant l'outillage asturien.

Diagram showing the comparative incidence of the different
types of Asturian tools.

48

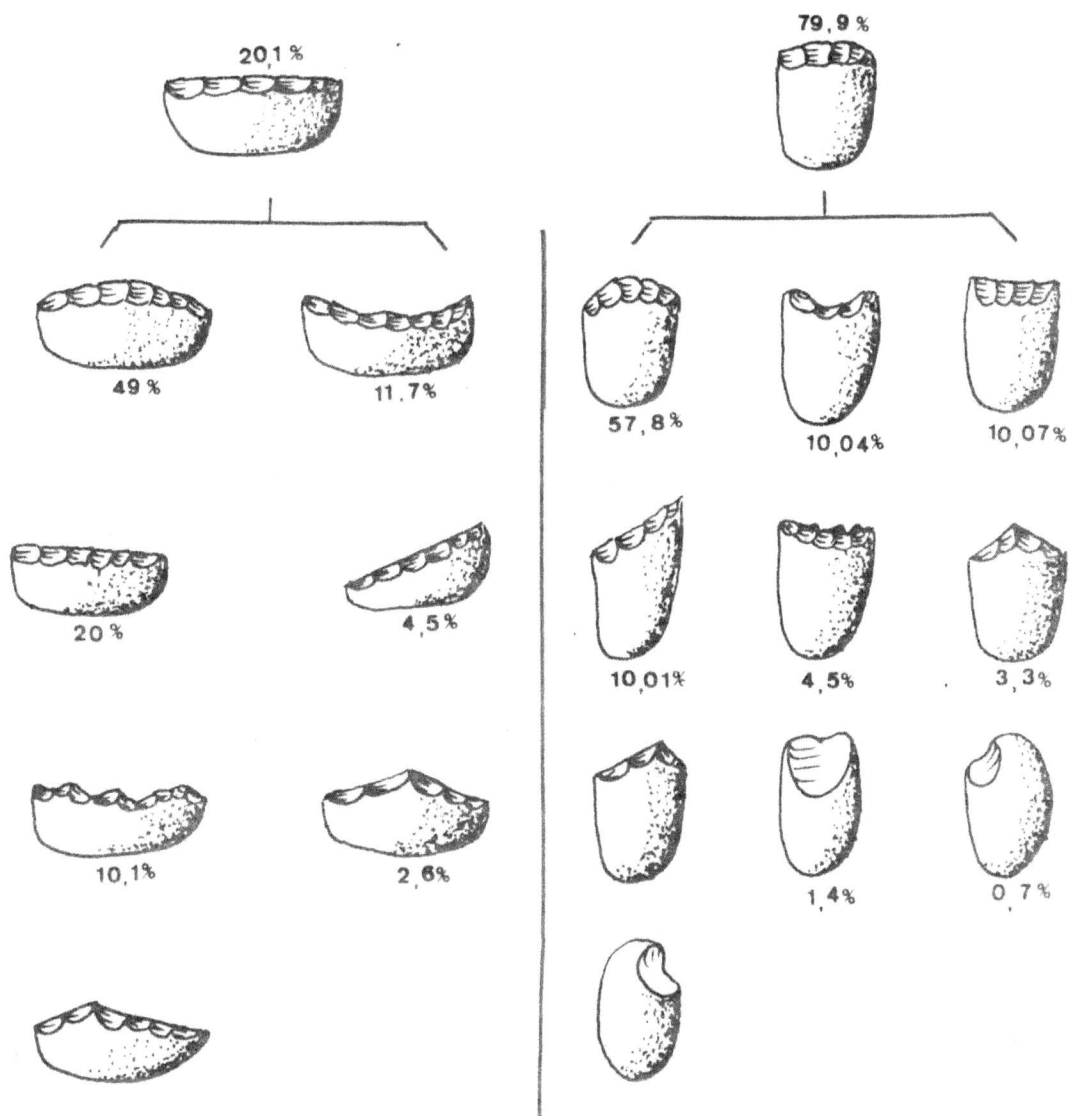

Fig. 13. Les différentes espèces de choppers de l'Asturien portugais.
à droite: choppers transversaux
à gauche: choppers latéraux

The different types of choppers in the Portuguese Asturian.
Right: transversal choppers
Left: lateral choppers

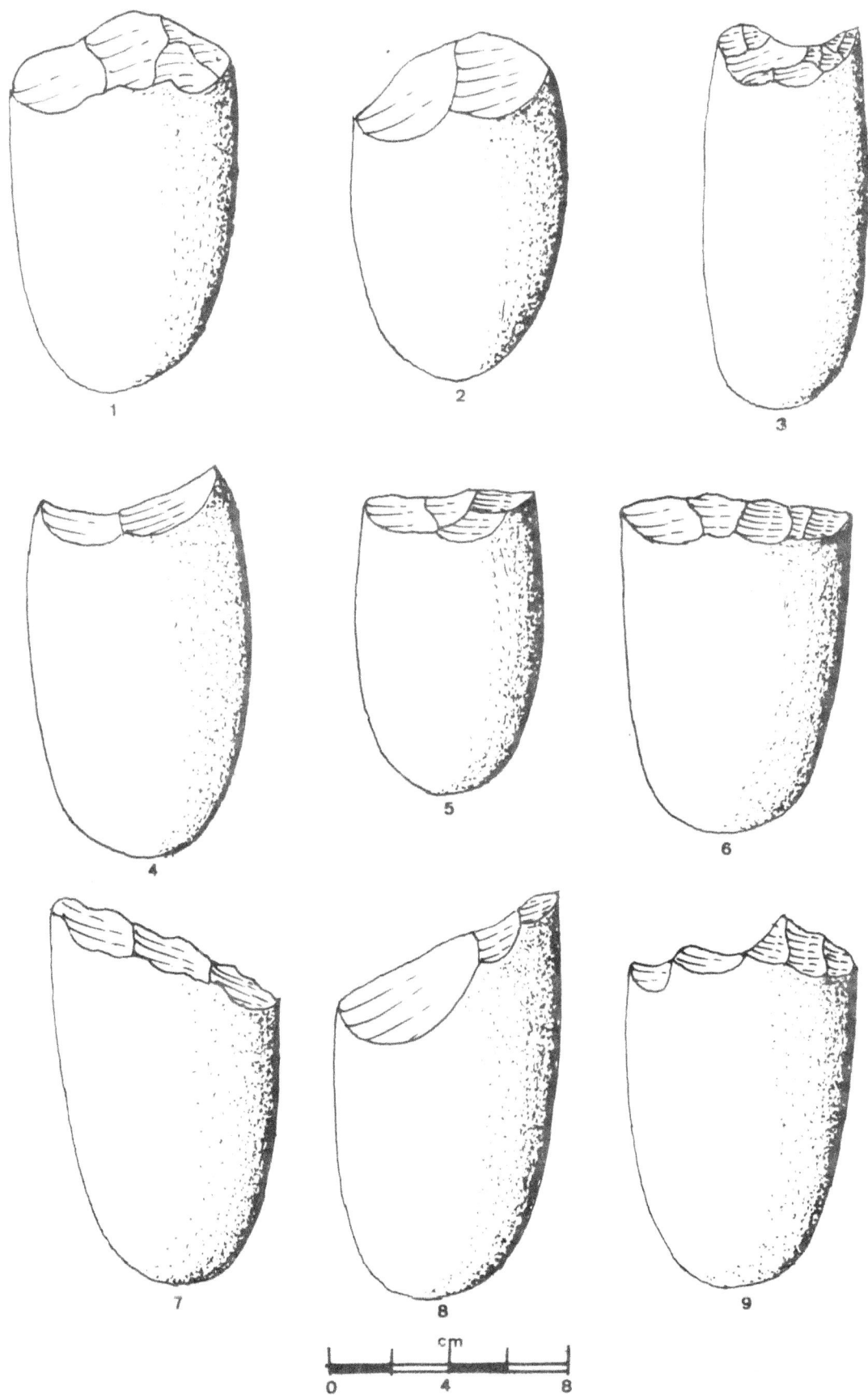

Fig. 14. Choppers transversaux convexes (1-2): concaves (3-4)
droits (5-6) obliques (7-8) sinueux (9).

Transversal choppers: convex (1-2), concave (3-4), straight (5-6),
oblique (7-8), sinuous (9).

50

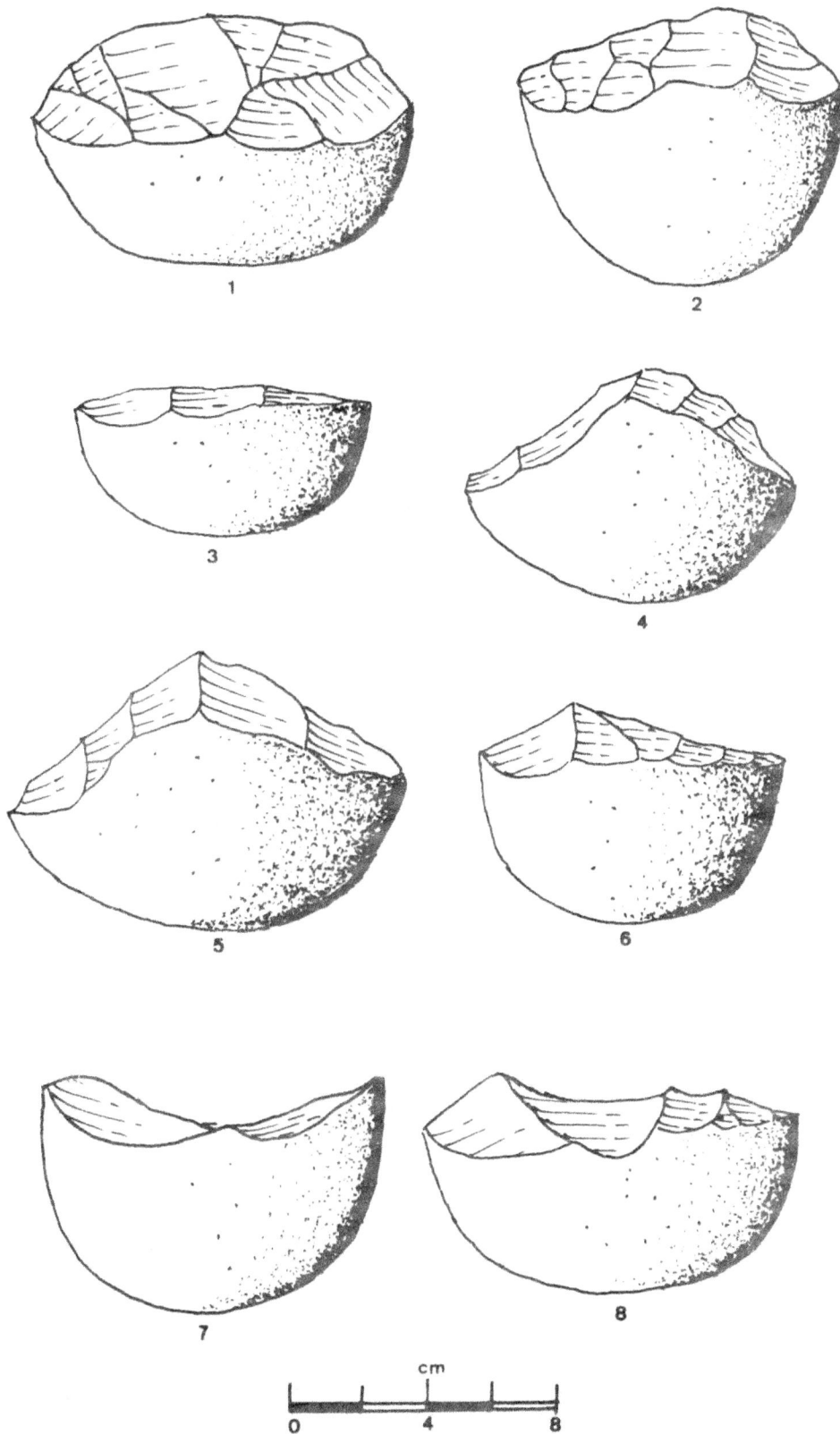

Fig. 15. Choppers latéraux convexe (1-2), droits (3), à deux pans
isocèles (4-5), inégaux (6), concaves (7), sinueux (8).

Lateral choppers: convex (1-2), straight (3), with two isosceles
faces (4-5), unequal (6), concave (7), sinuous (8).

51

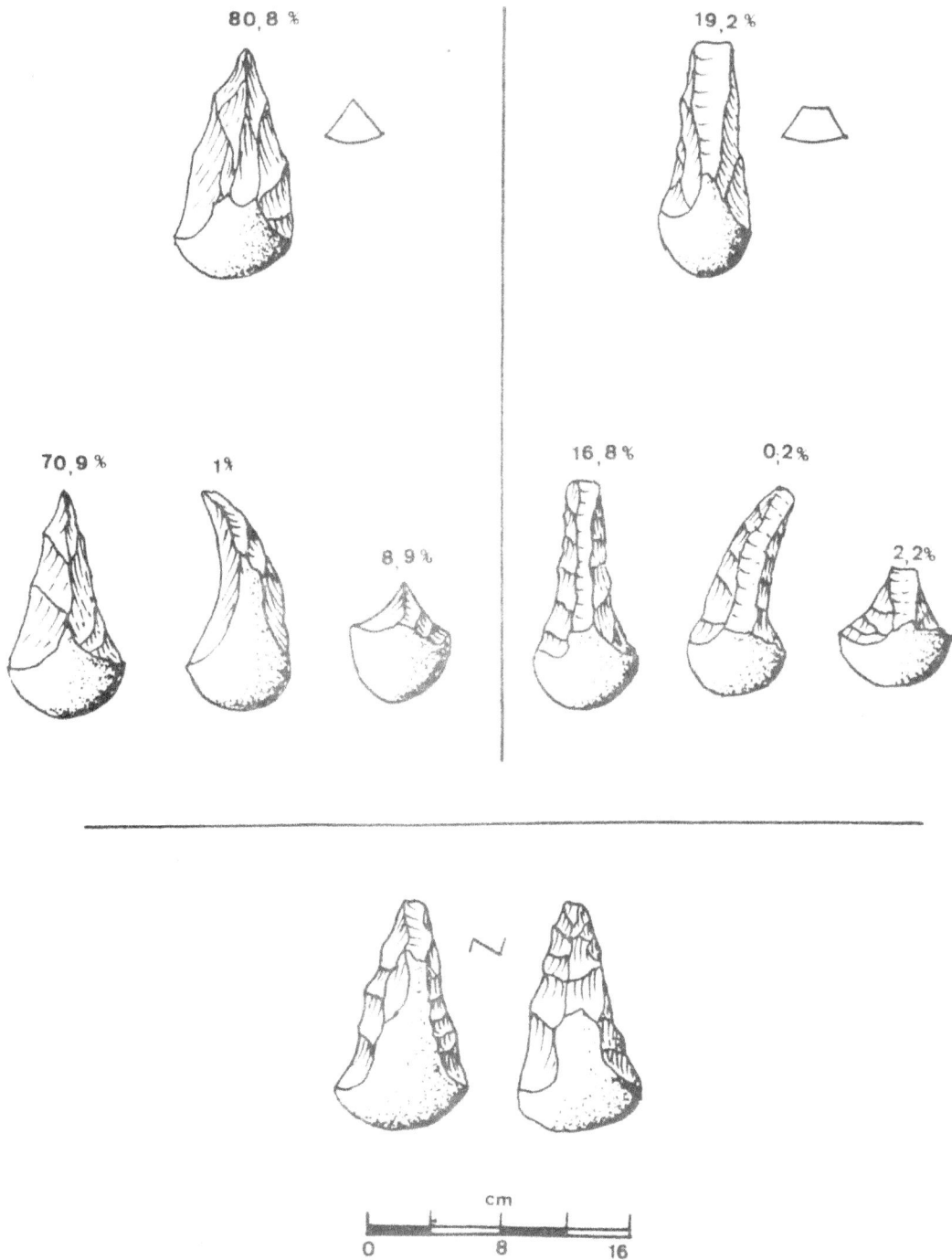

80,8 %   19,2 %

70,9 %   1%   8,9 %   16,8 %   0,2 %   2,2 %

cm
0   8   16

Fig. 16.   Les différentes espèces de pics de l'Asturien portugais.
à droite: à pointe quadrangulaire
à gauche: à pointe triédrique en bas: pic-biface

The different types of picks in the Portuguese Asturian.
Right: quadrangular points
Left: trihedral points
Below: bifacial picks

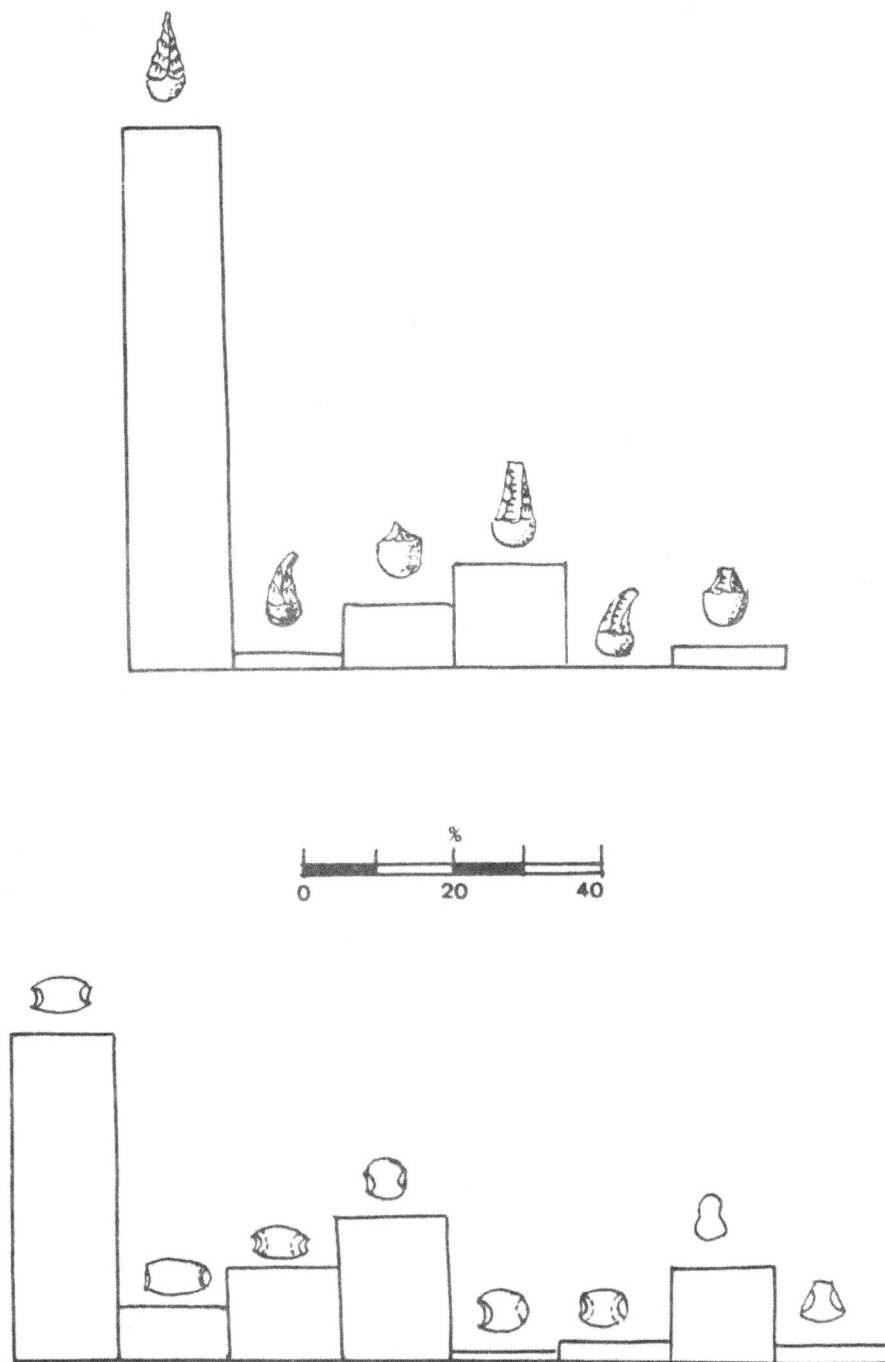

Fig. 17. Proportion des différentes espèces de pics asturiens (en haut),
de poids à pêche (en bas).

Above: proportions of the different types of Asturian picks.
Below: proportions of the different types of Asturian fishing-weights.

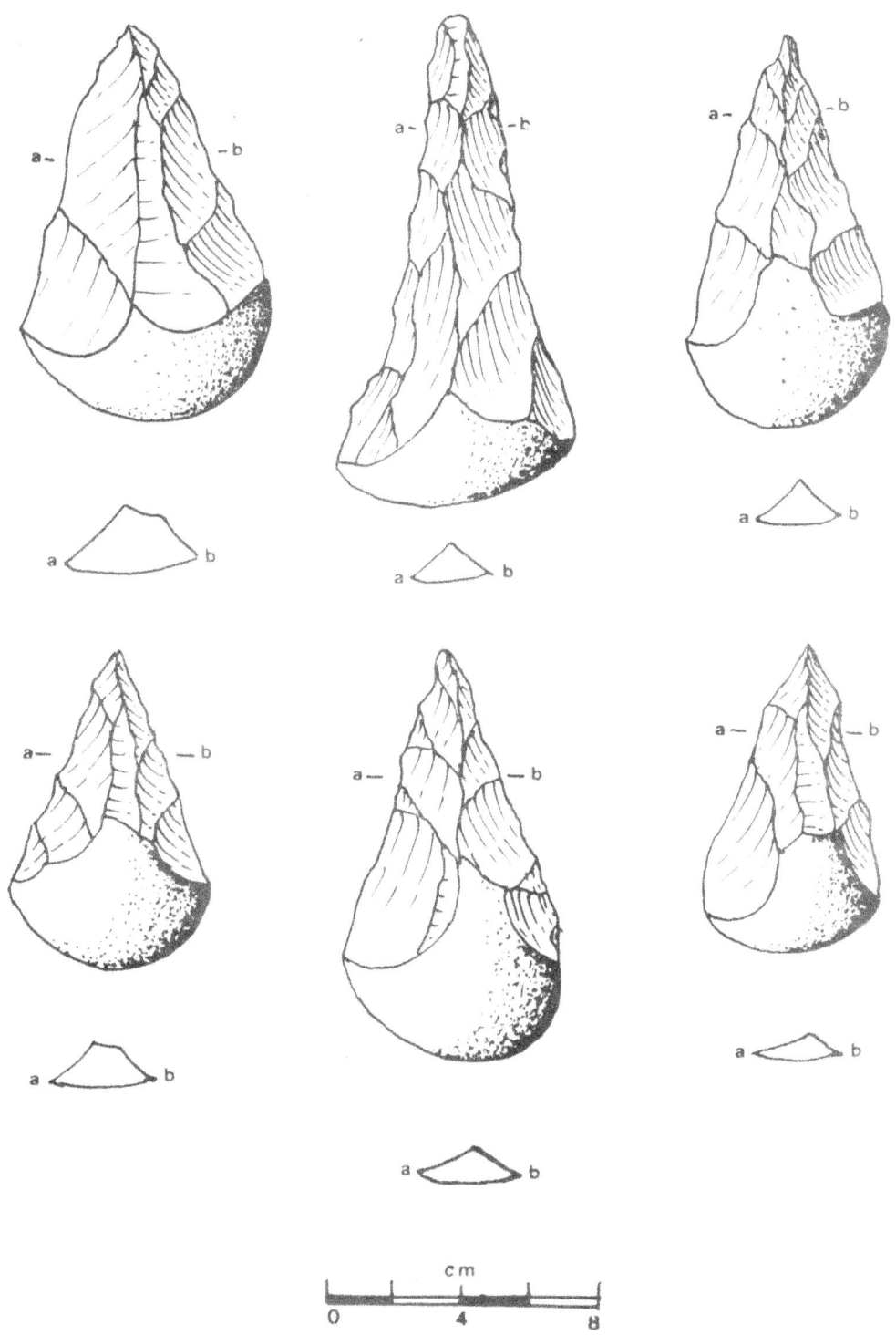

Fig. 18. Pics asturiens à pointe triédrique droite.

Asturian picks with straight trihedral points.

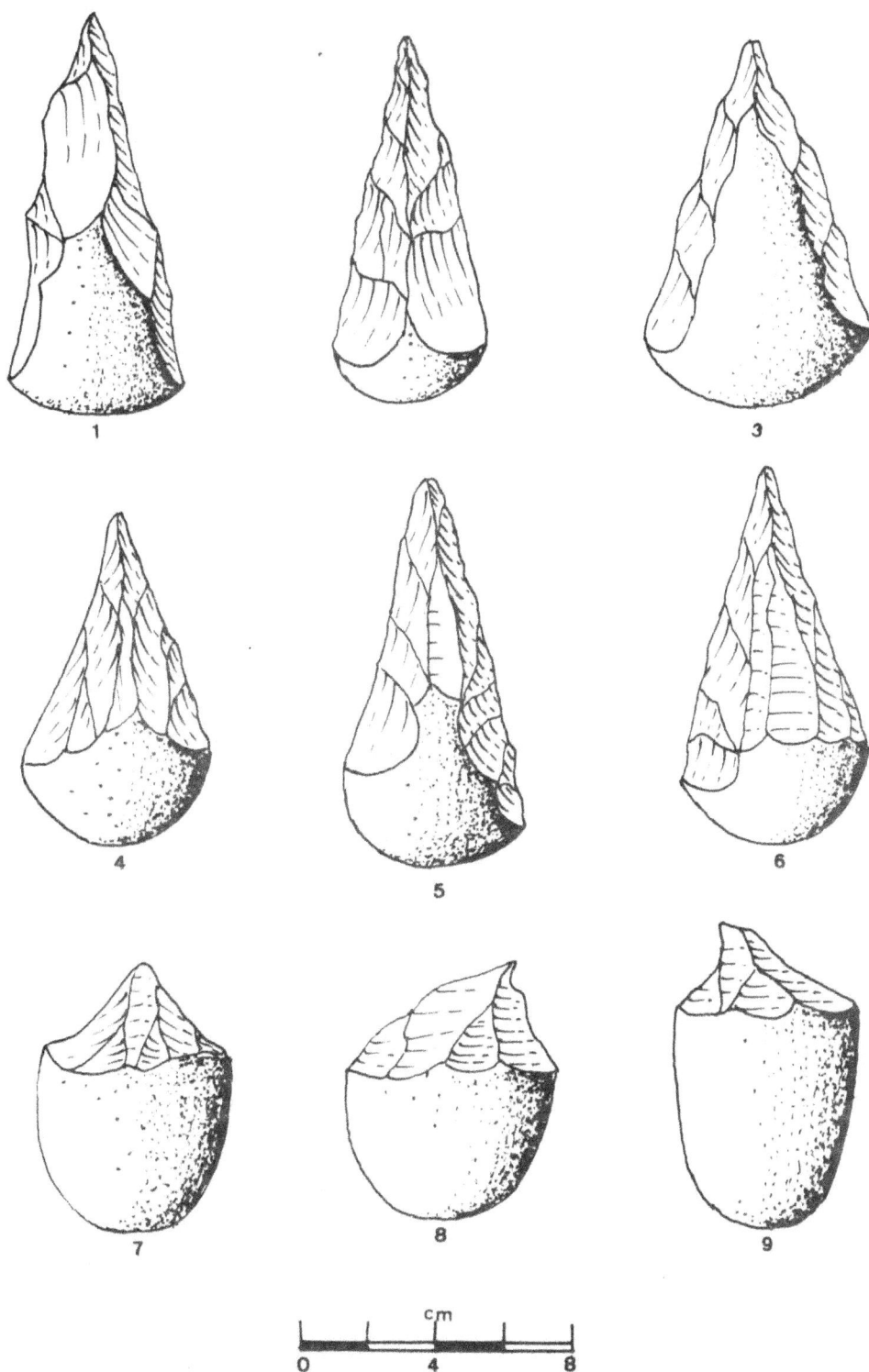

Fig. 19. Pics asturiens à pointe triédrique droite (1-6) .
à pointe amorcée ou proto-pic (7-9).

Asturian picks with straight trihedral points (1-6). Picks
with shortened points, or proto-picks (7-9).

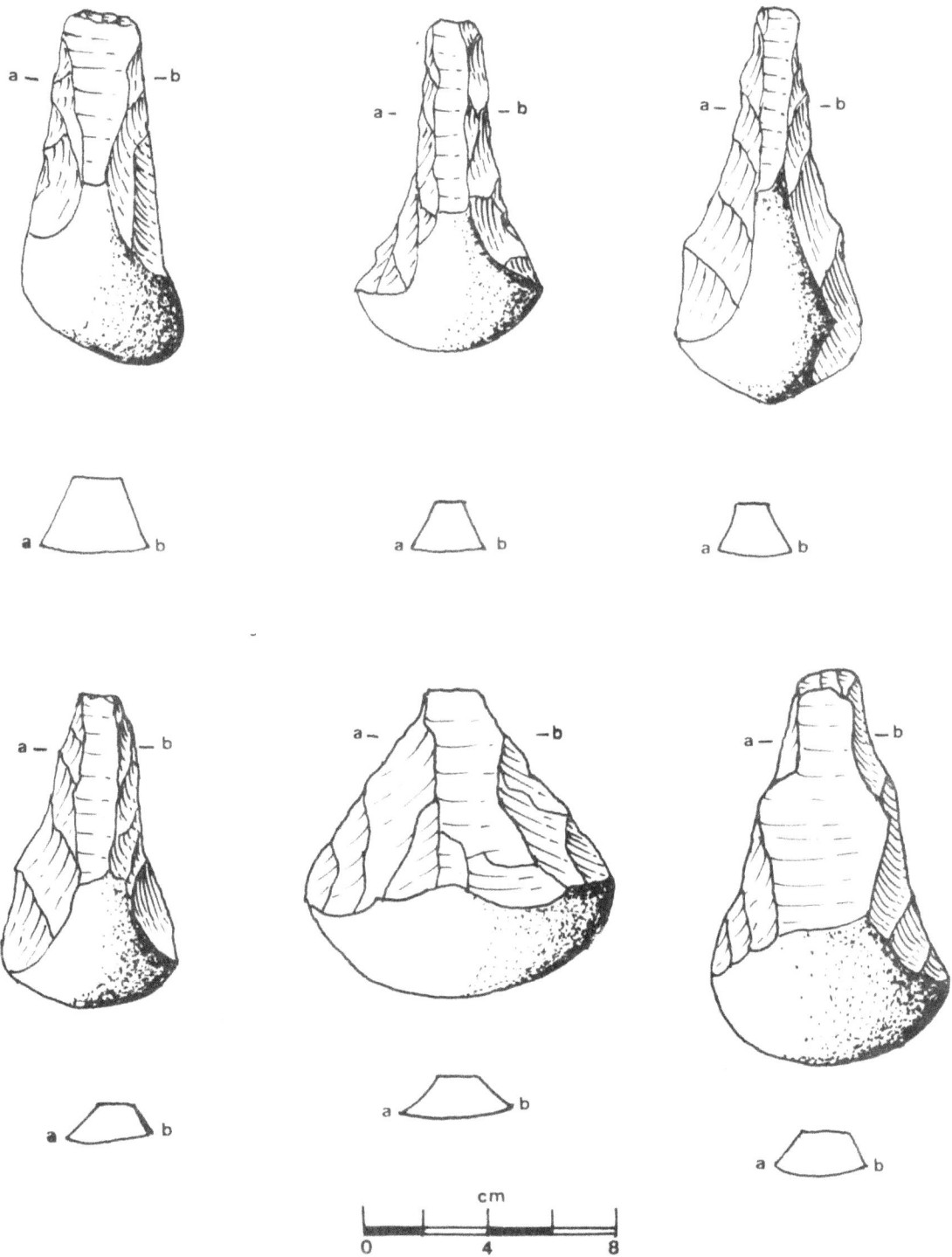

Fig. 20.   Pics asturiens à pointes quadrangulaires droites.

Asturian picks with straight quadrangular points.

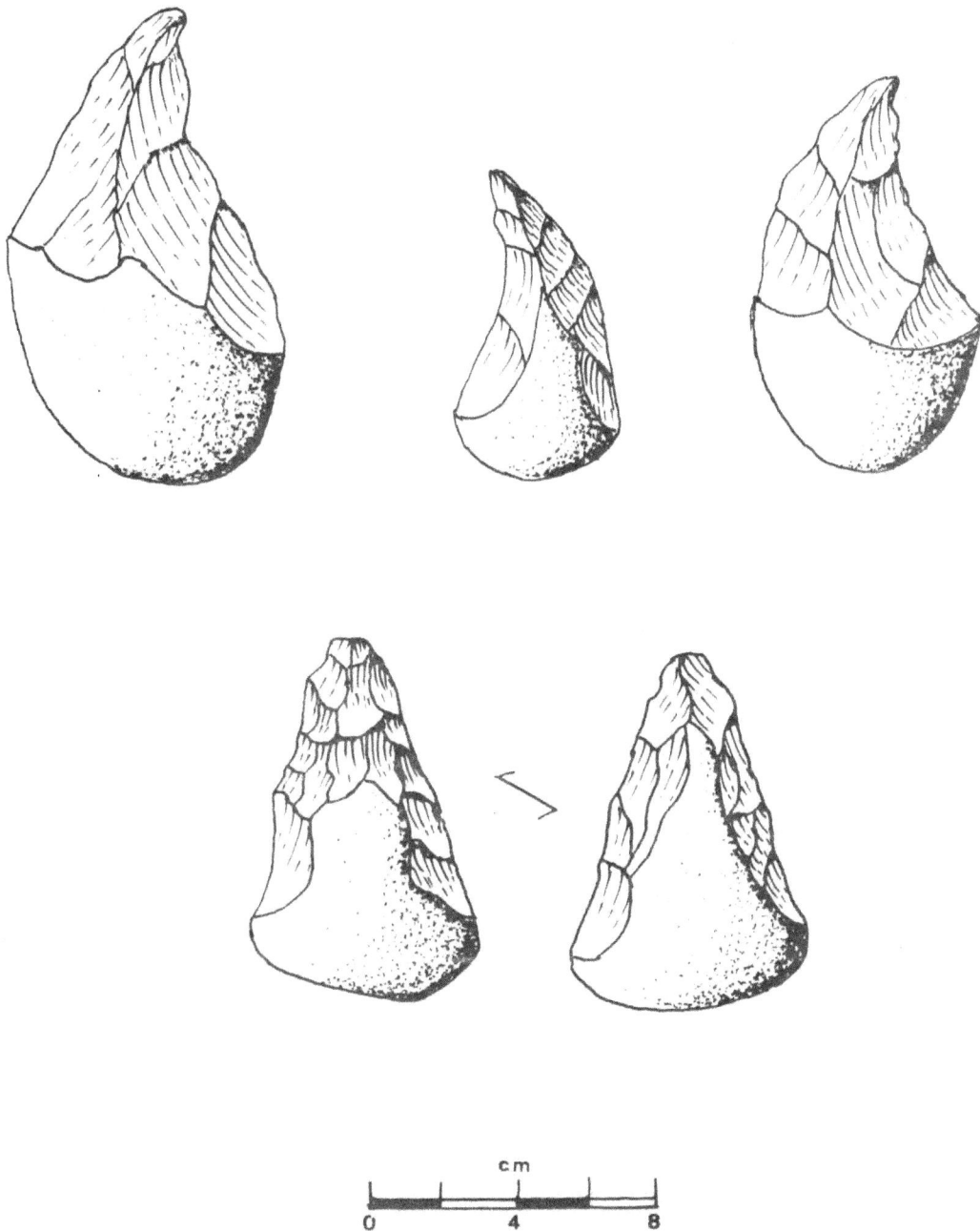

Fig. 21. Pics asturiens à pointes déjetées et pic biface (en bas).

Asturian picks with points askew, and a bifacial pick (nelow).
(below).

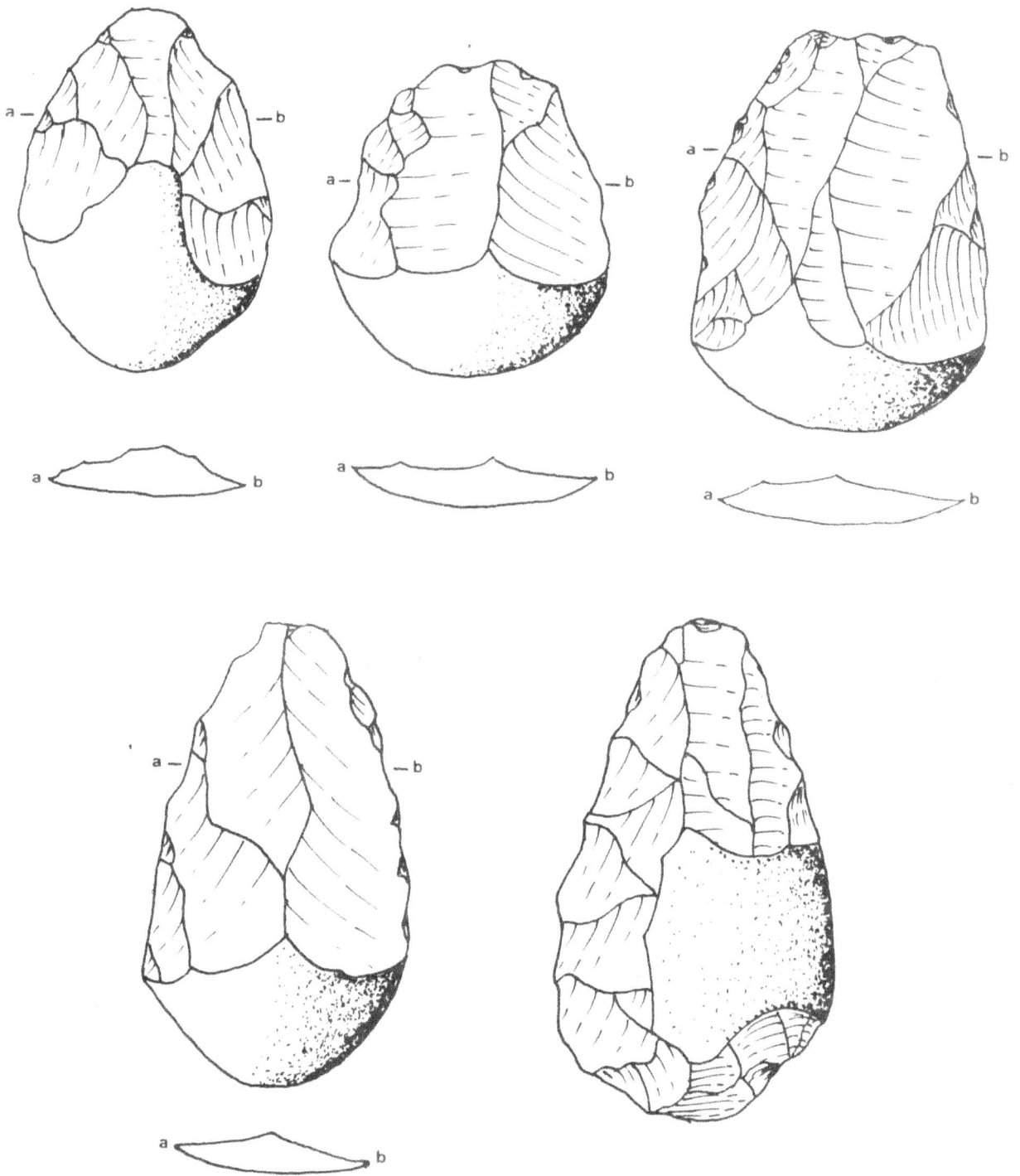

Fig. 22.   Monofaces asturiens.

Asturian monofaces.

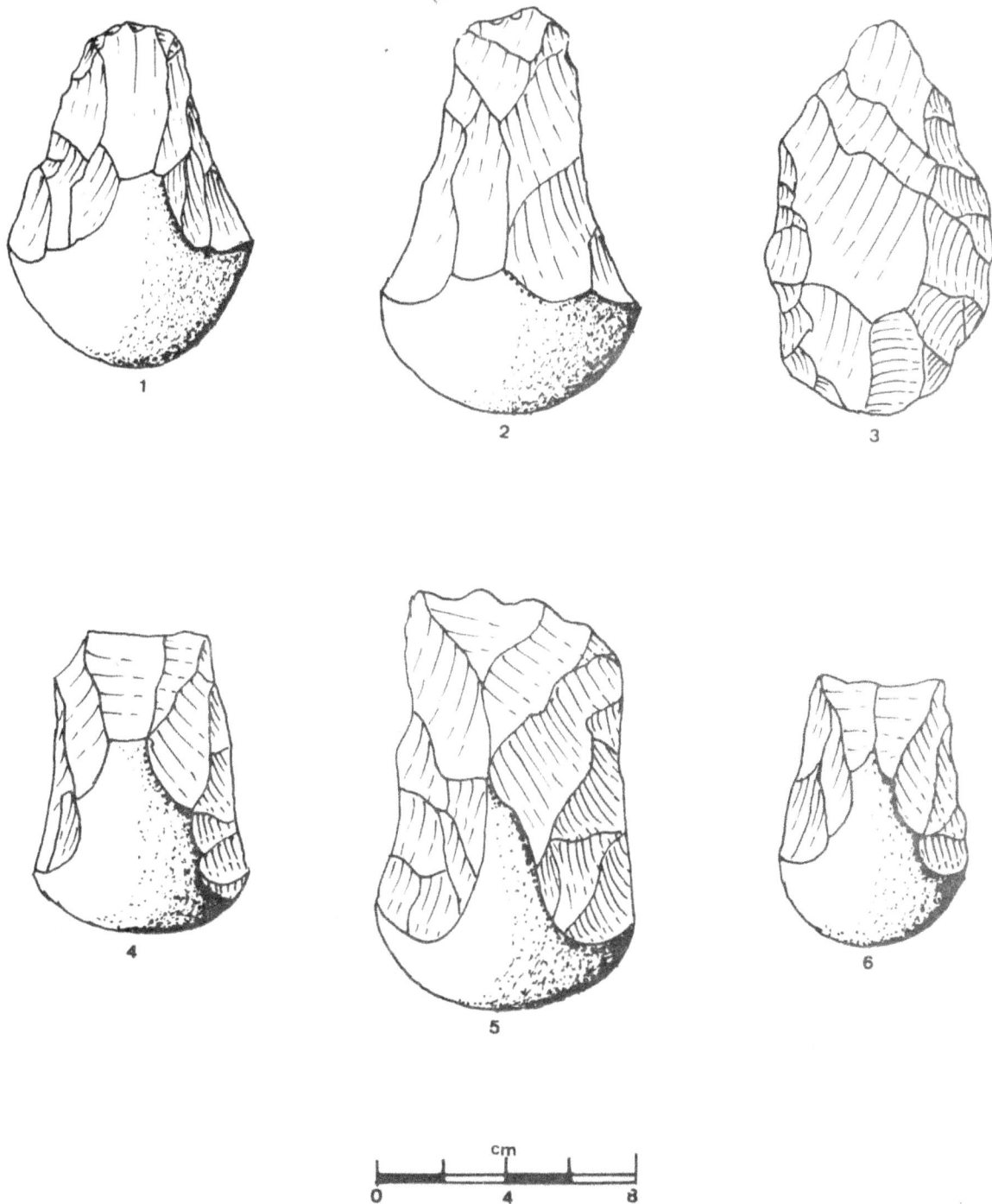

Fig. 23. Monofaces asturiens:

        1-2 à bords concaves, 3 entièrement épannelé
        5-7: trapézoidaux.

Asturian monofaces:

        1-2 with concave edges, 3 dressed all over,
        5-7 trapezoidal.

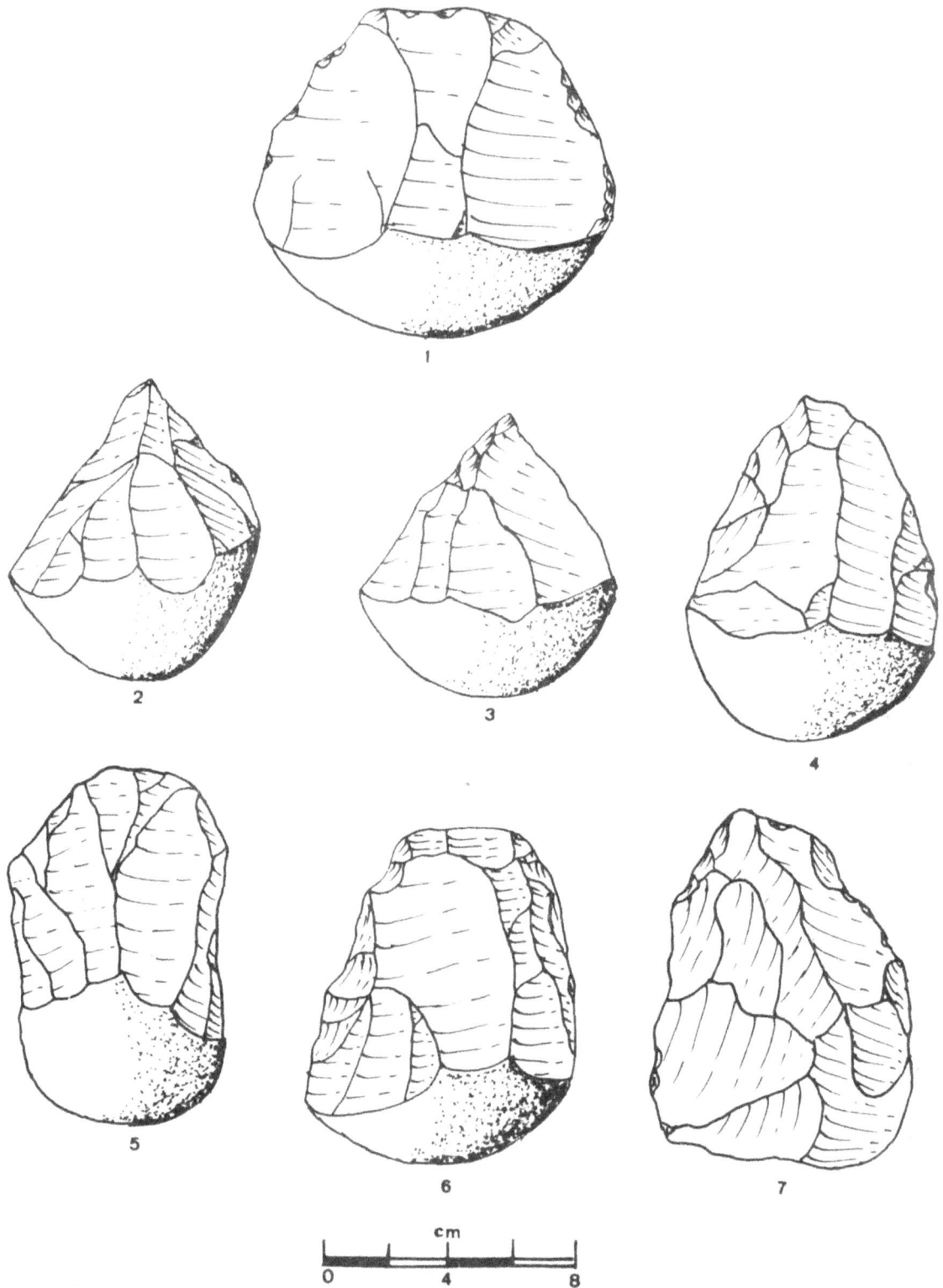

Fig. 24.   Monofaces asturiens:
       1:   discoide, 2-3: triangulaires, 4-5: ovalaires,
       6: trapézoidal, 7: entièrement épannelé.

Asturian monofaces:
1: discoidal, 2-3: triangular, 4-5: ovate, 6: trapezoidal,
7: dressed all over.

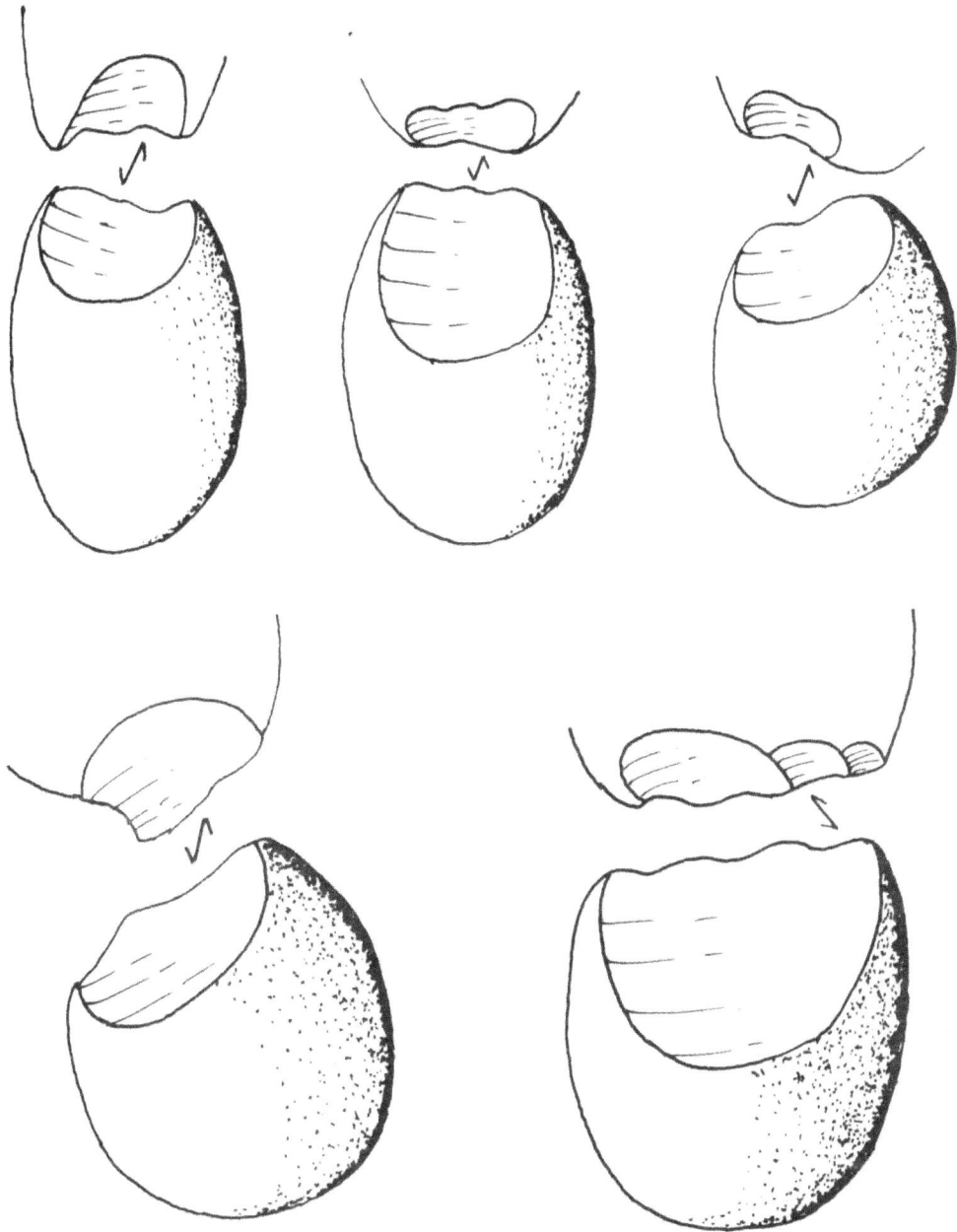

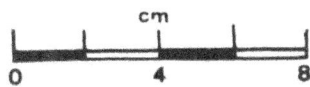

Fig. 25. Chopping-tools asturiens.

Asturian chopping-tools.

61

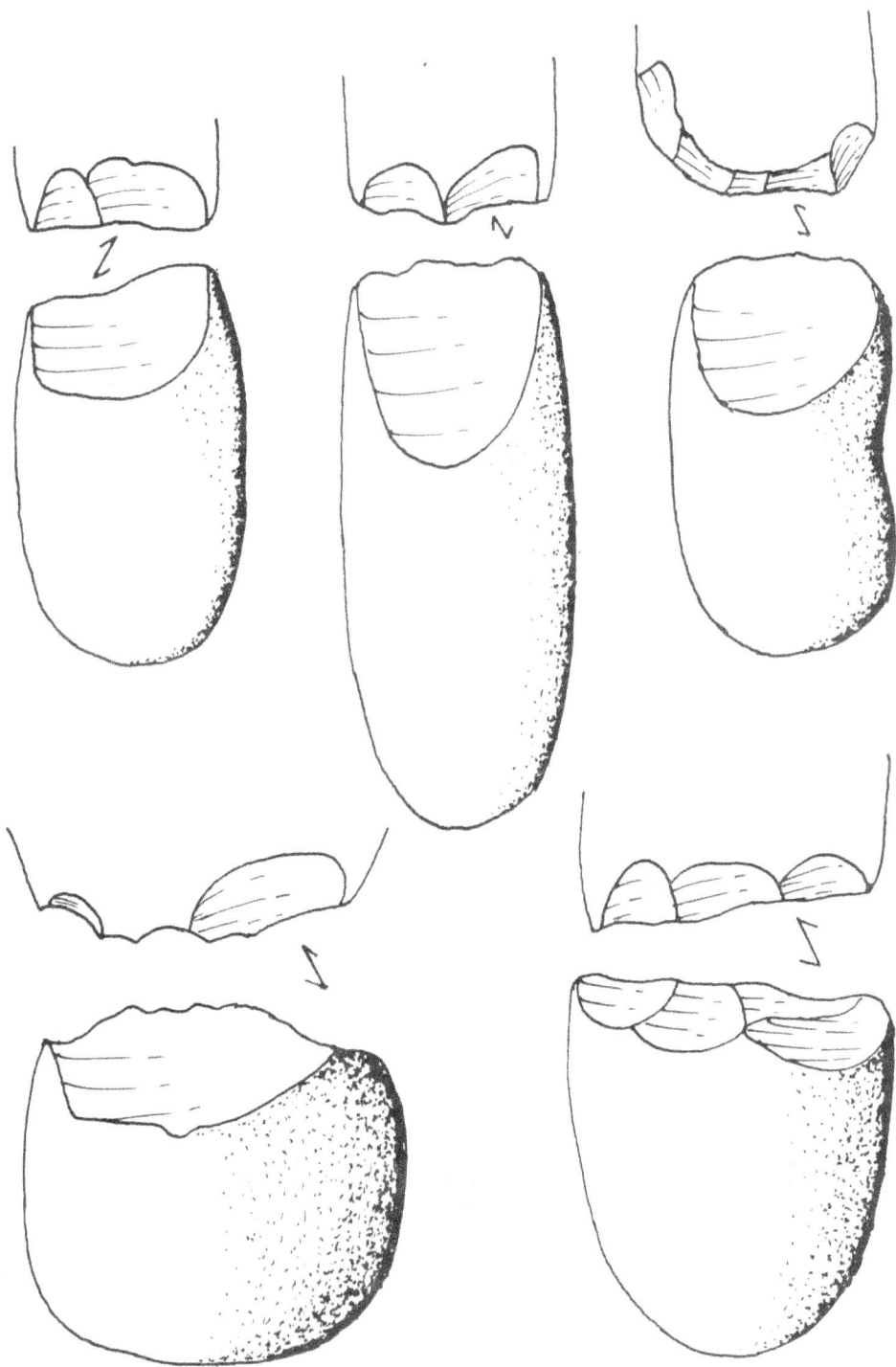

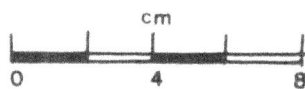

Fig. 26. Chopping-tools asturiens.

Asturian chopping tools.

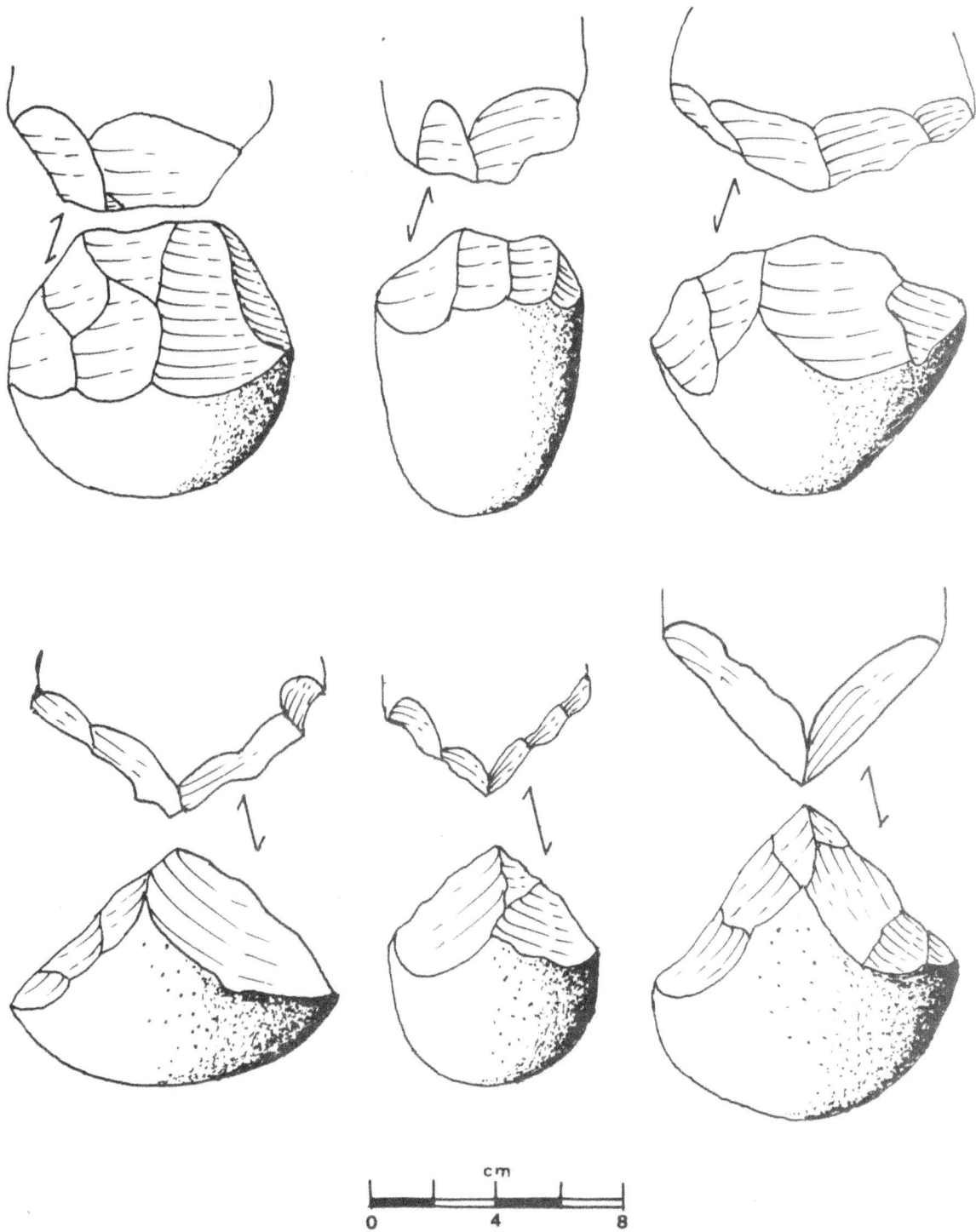

Fig. 27. Chopping-tools asturiens.

Asturian chopping tools.

63

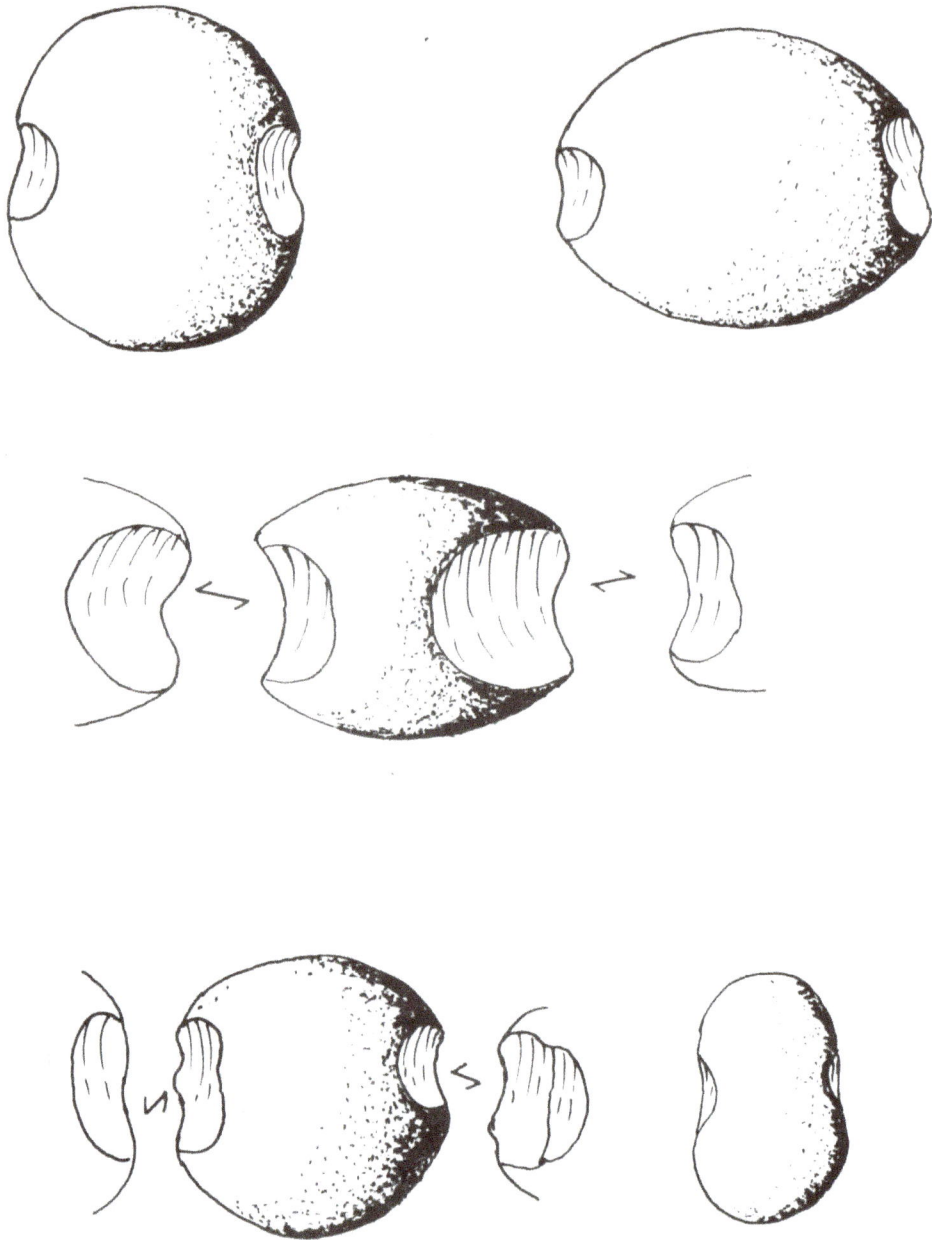

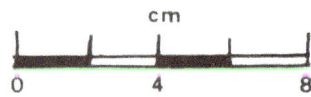

cm

0   4   8

Fig. 28.   Poids à pêche asturiens.

Asturian fishing weights.

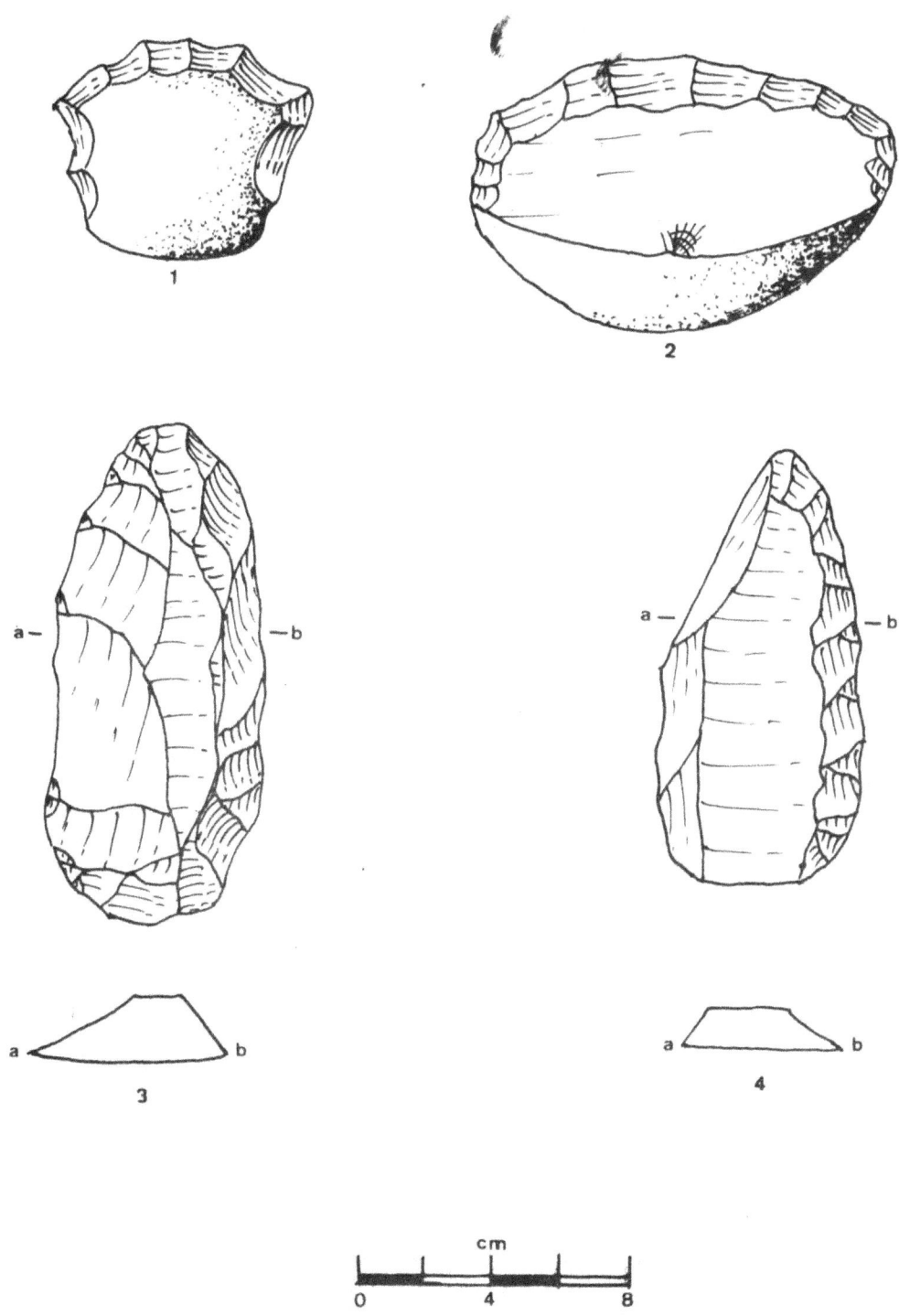

Fig. 29. Pièces diverses asturiennes: 1: grattoir, 2-4: racloirs.

Miscellaneous Asturian tools: 1: end-scraper,
2-4: side-scrapers.

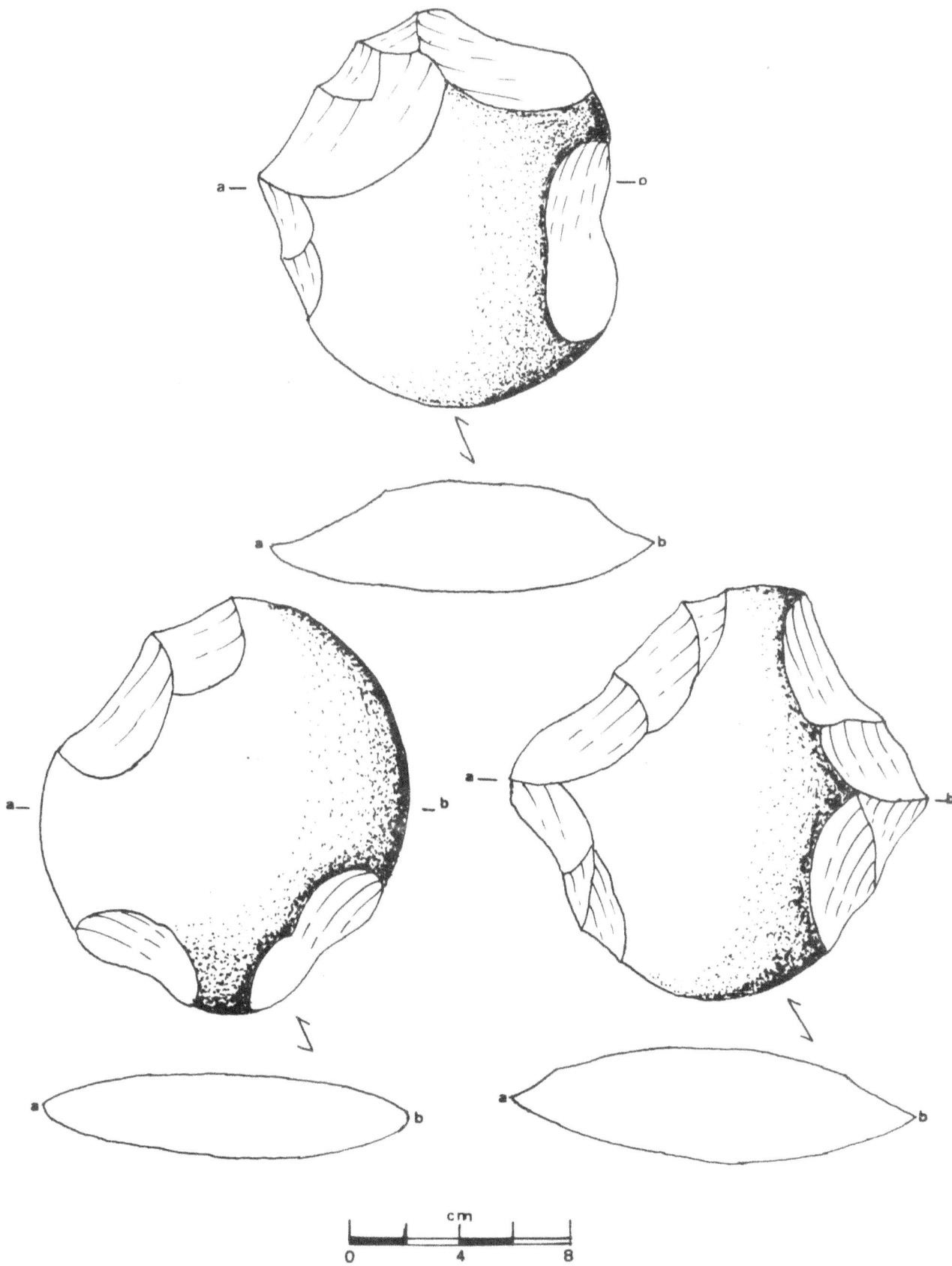

Fig. 30. Disques asturiens.

Asturian discs.

66

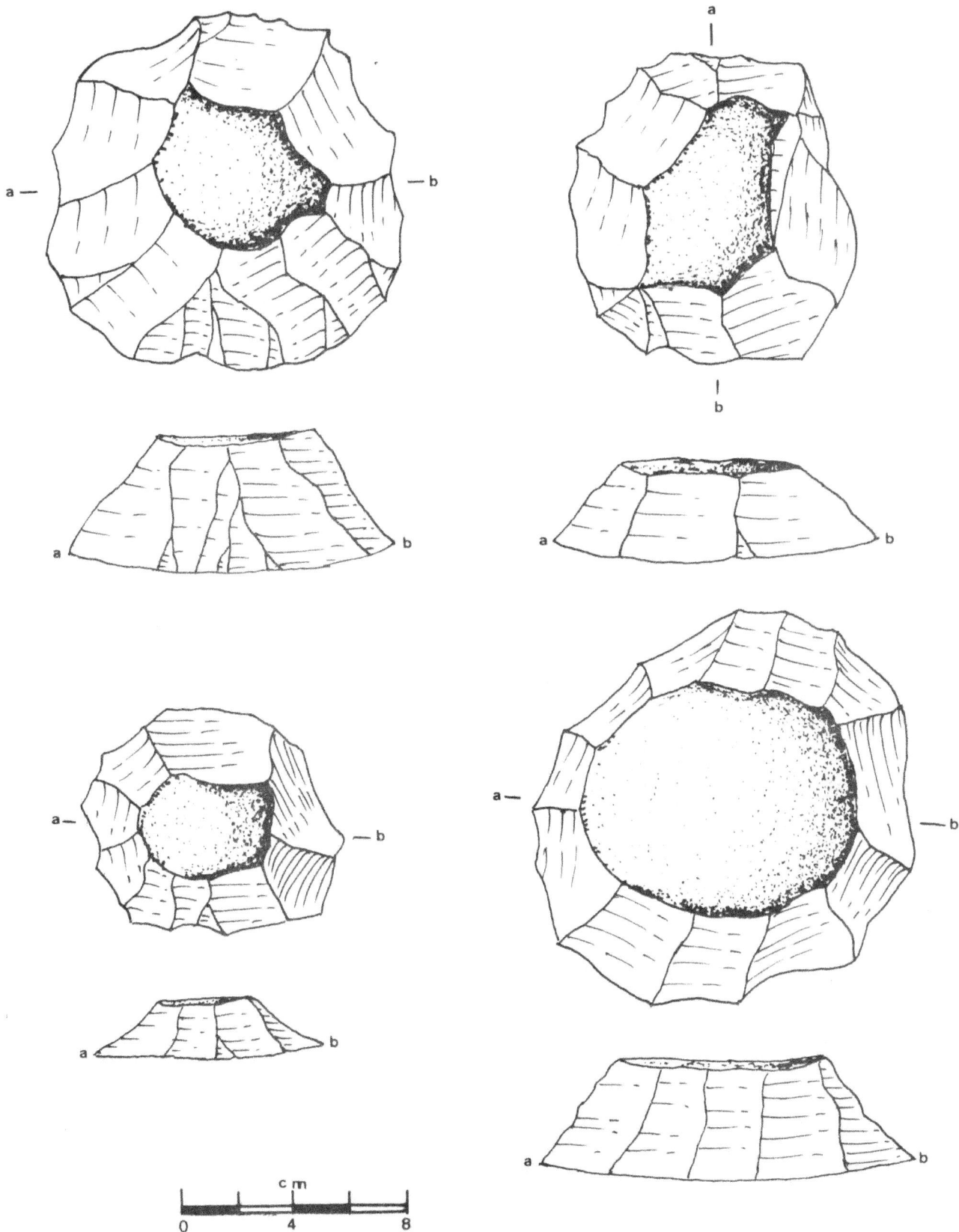

Fig. 31. Palets-disques asturiens.

Asturian palet-discs.

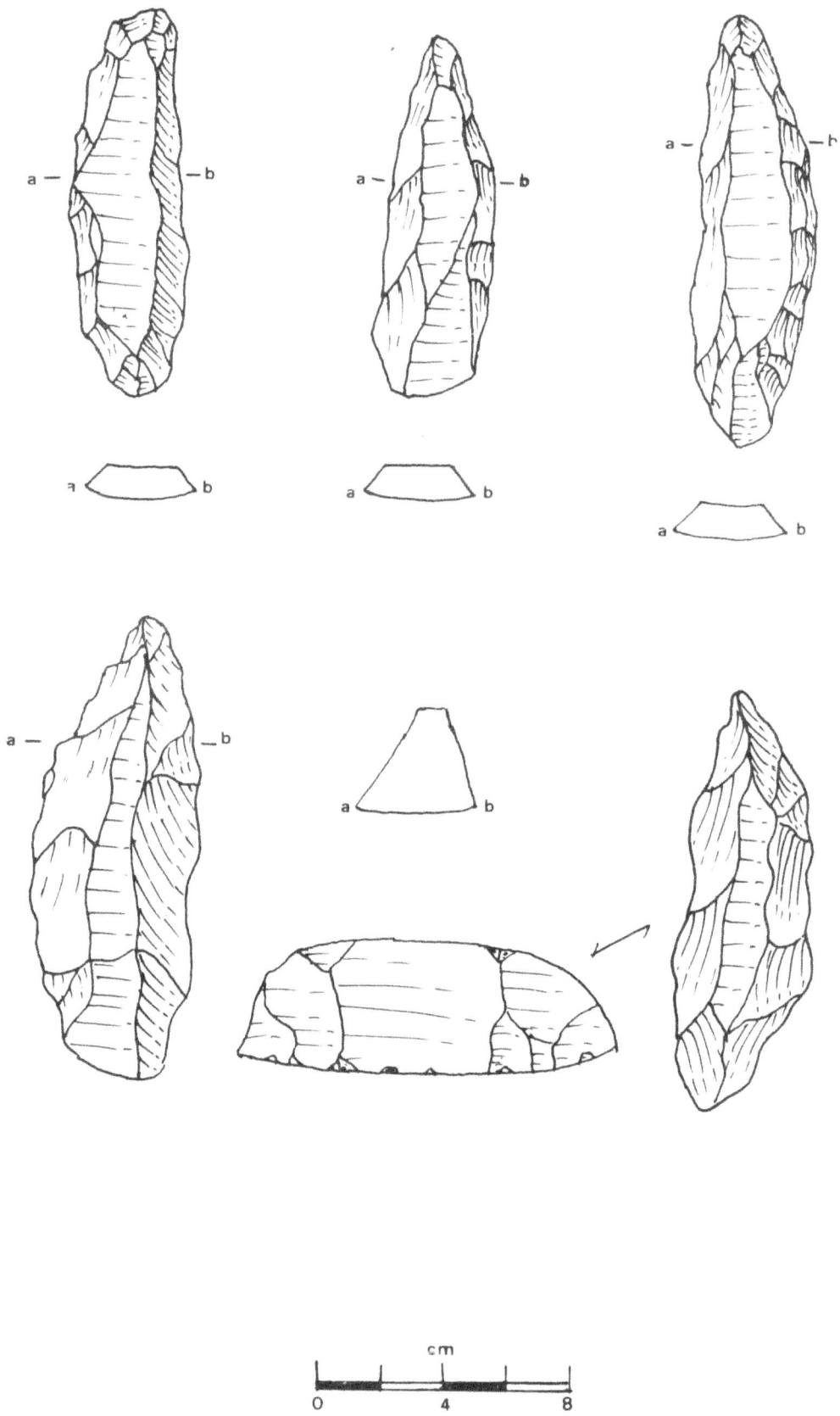

Fig. 32. Retouchoirs asturiens.

Asturian retouching tools.

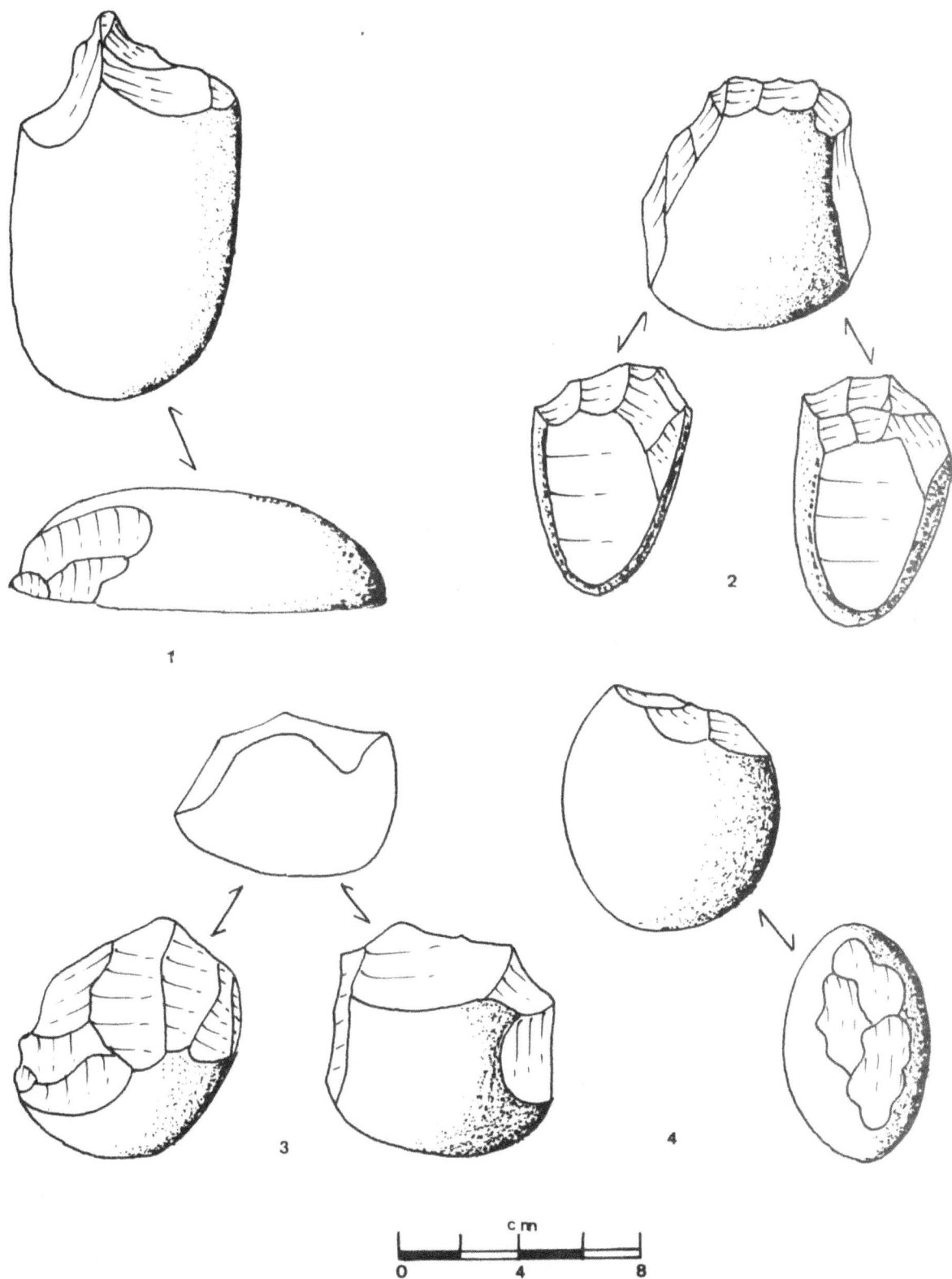

Fig. 33. 1: Rostro-caréné, 2-4: Polyèdres.

1: Rostrocarinate, 2-4: Polyhedra.

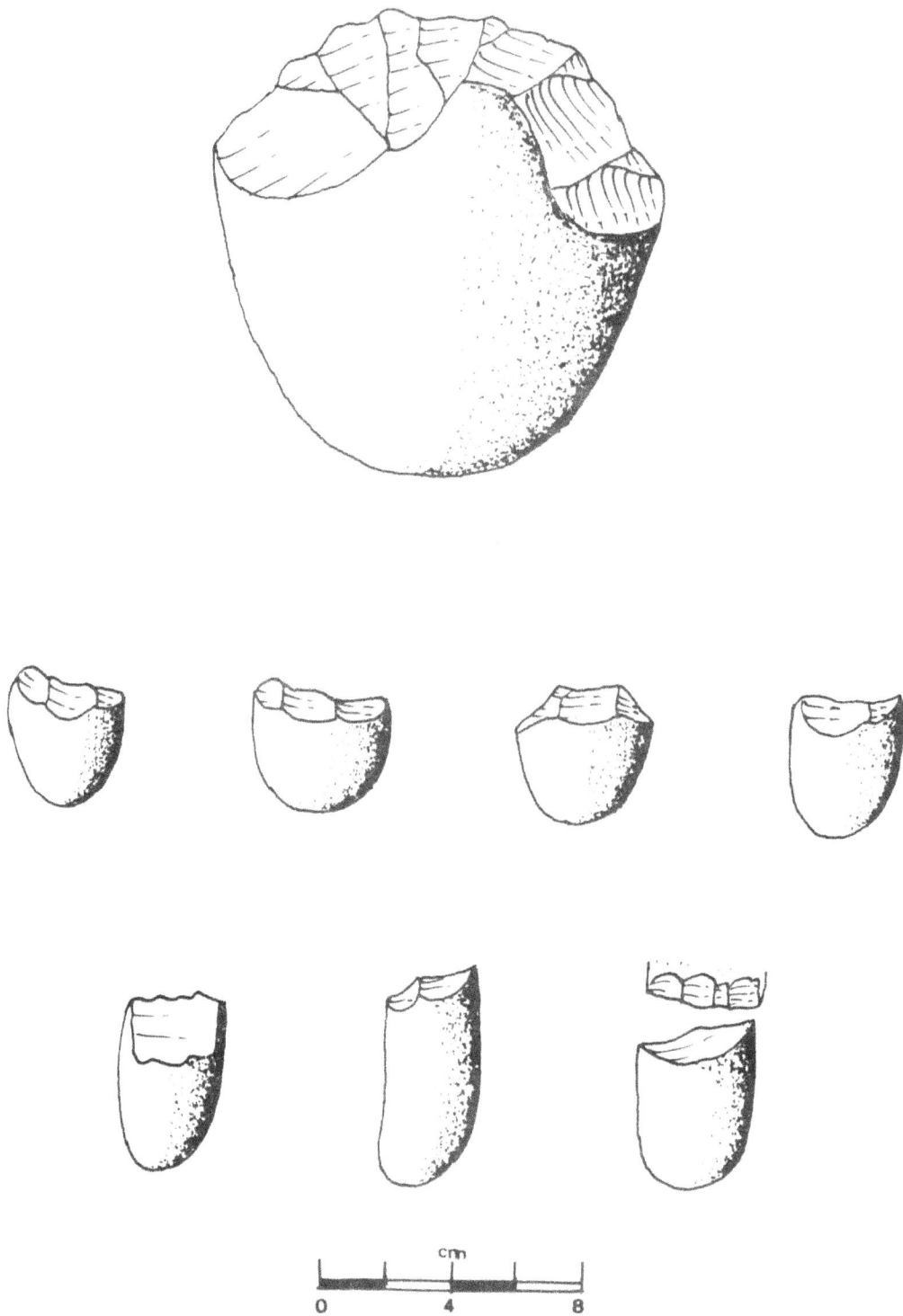

Fig. 34. Micro-choppers et micro chopping-tools asturiens en haut:
chopper de dimension normale pour comparaison.

Asturian micro-choppers and micro-chopping-tools.
Above: normal-sized chopper for comparison.

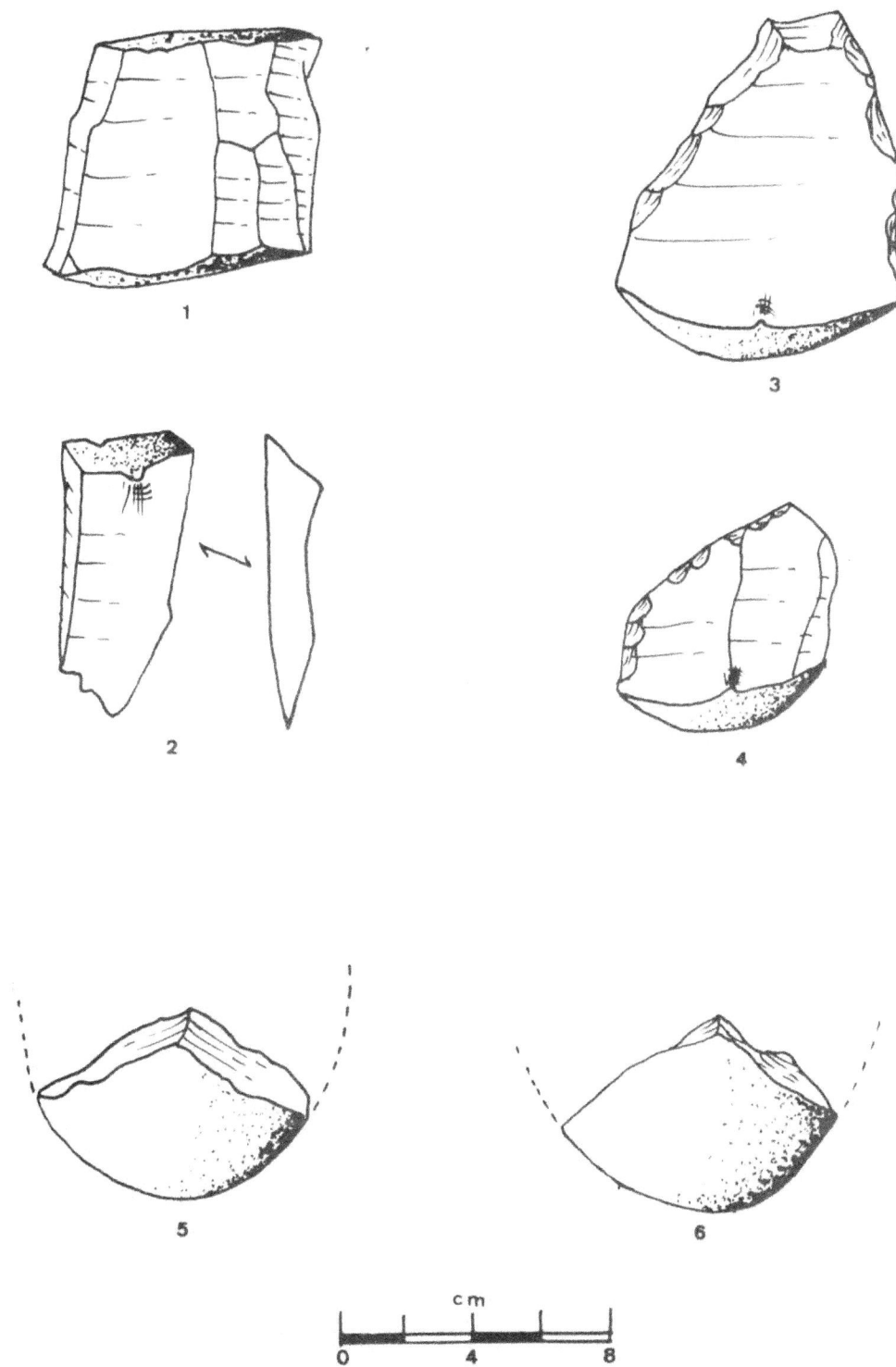

Fig. 35. 1: nucléus, 2: éclats, 3-4: éclats retouchés, 5-6: portions de galets.

1: pebble-core, 2: flakes, 3-4: flakes with secondary working, 5-6: pieces of pebbles.

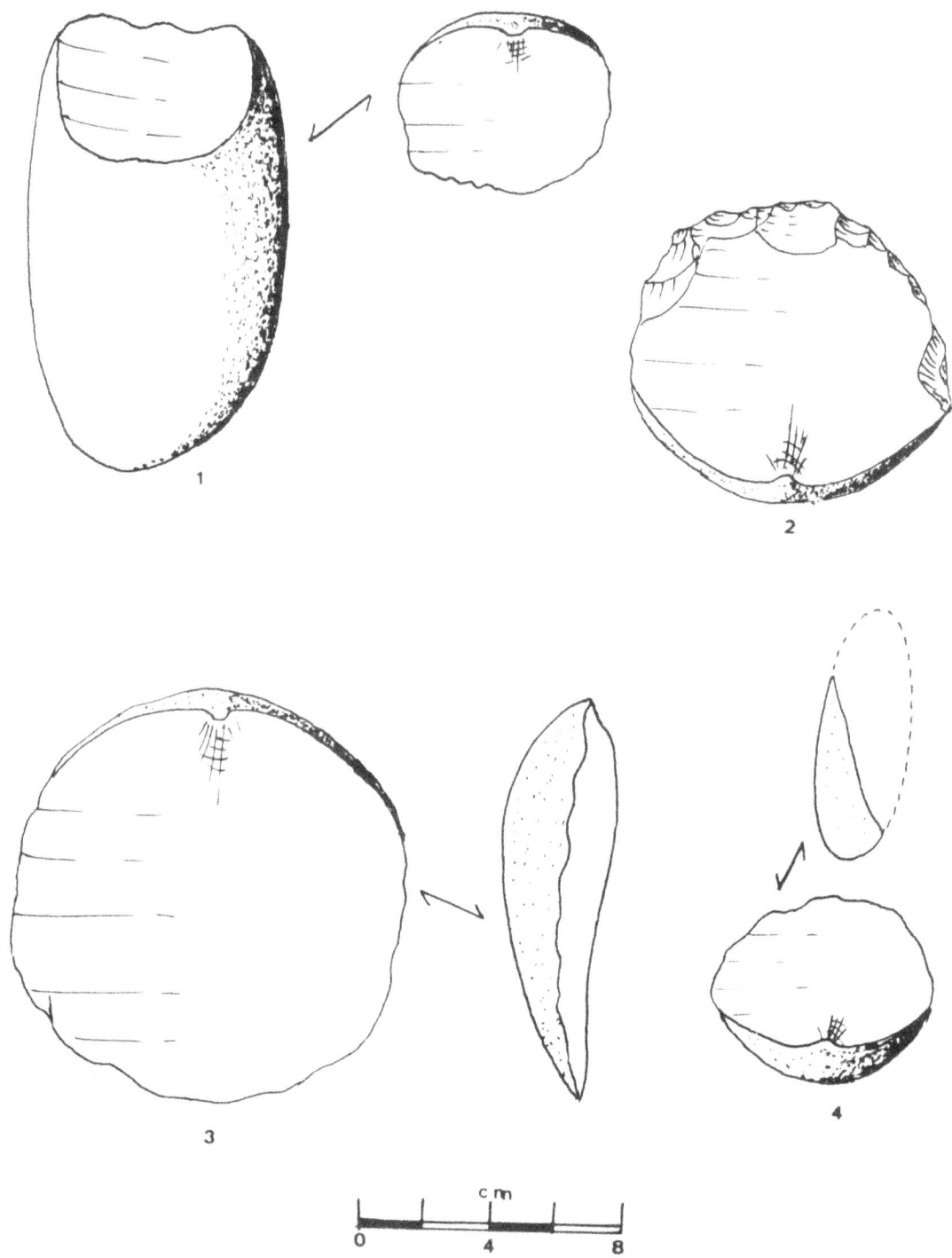

Fig. 36. 1: chopper à enlèvement unique médian et l'éclat de débitage.
          2: Galet fendu retouché en grattoir.
          3: galets fendus bruts.

          1: chopper with single median facet, and struck-off flake.
          2: split pebble made into a scraper.
          3-4: split pebbles with no secondary working.

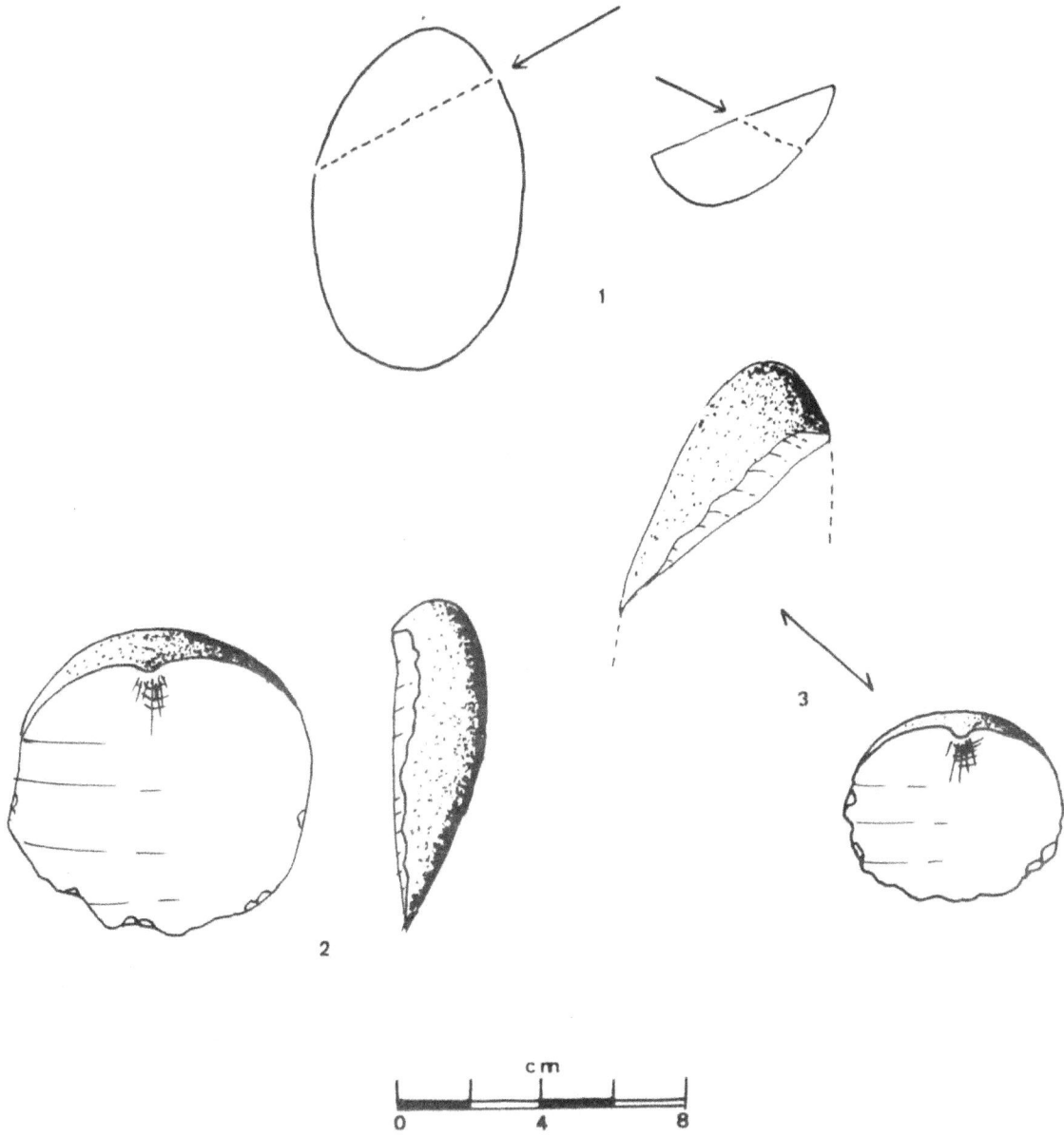

Fig. 37. 1: Mode de fabrication des portions de galet, 2-3: galets fendus.

1: Method of producing pieces of pebble, 2-3: split pebbles.

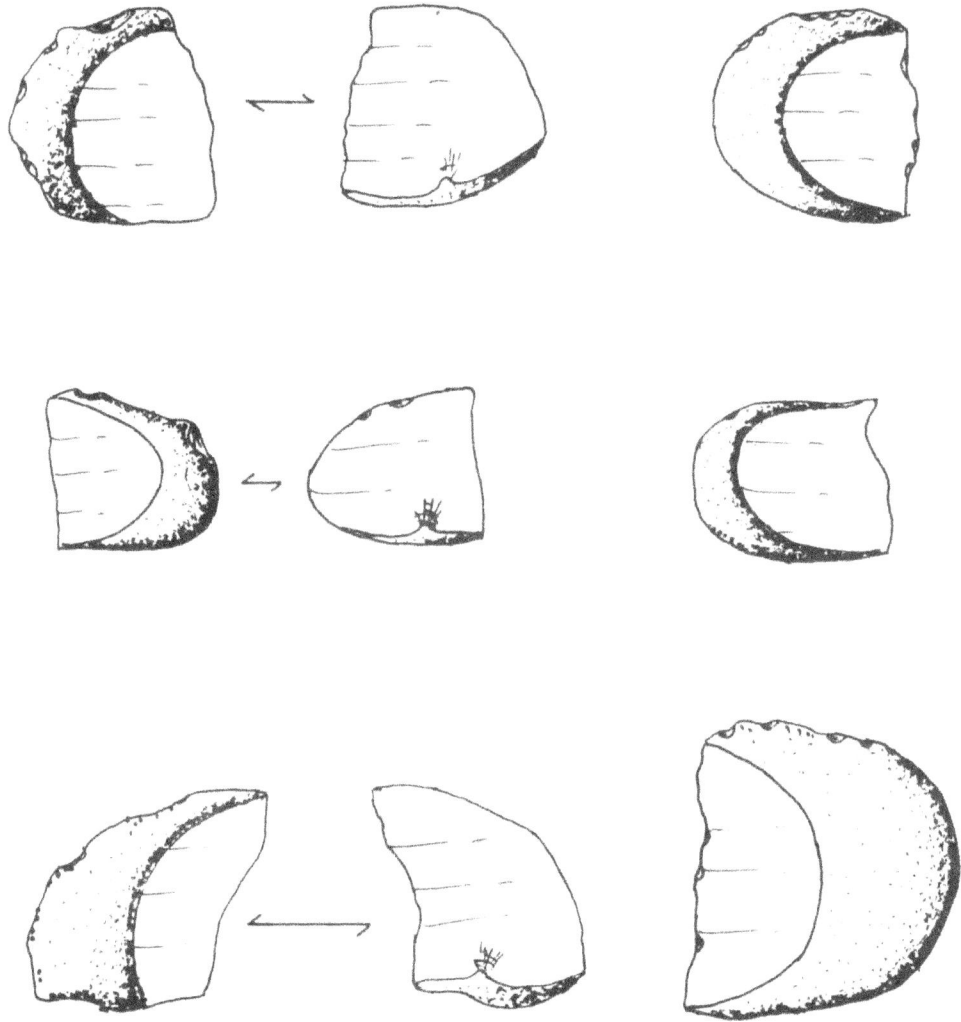

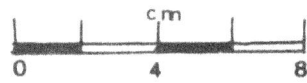

Fig. 38. éclat de galet à dos naturel.

Pebble flakes with cortex backs.

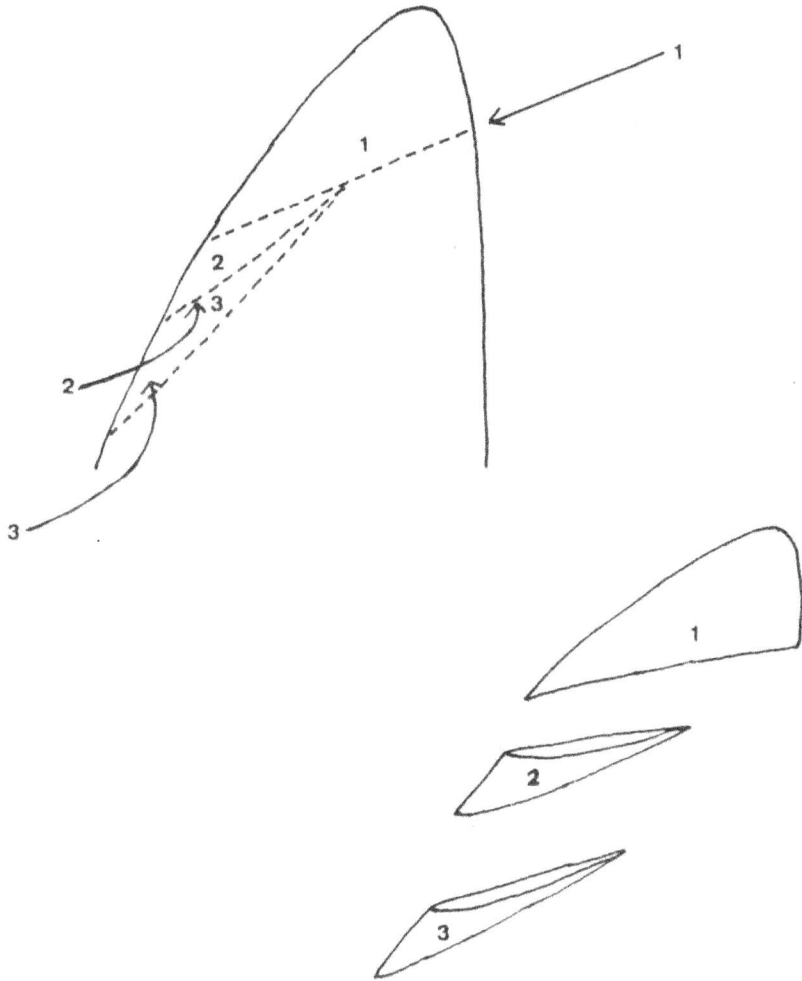

Fig. 39. Mode de fabrication des éclats de Galets à dos naturel.
Method of striking pebble flakes with cortex backs.

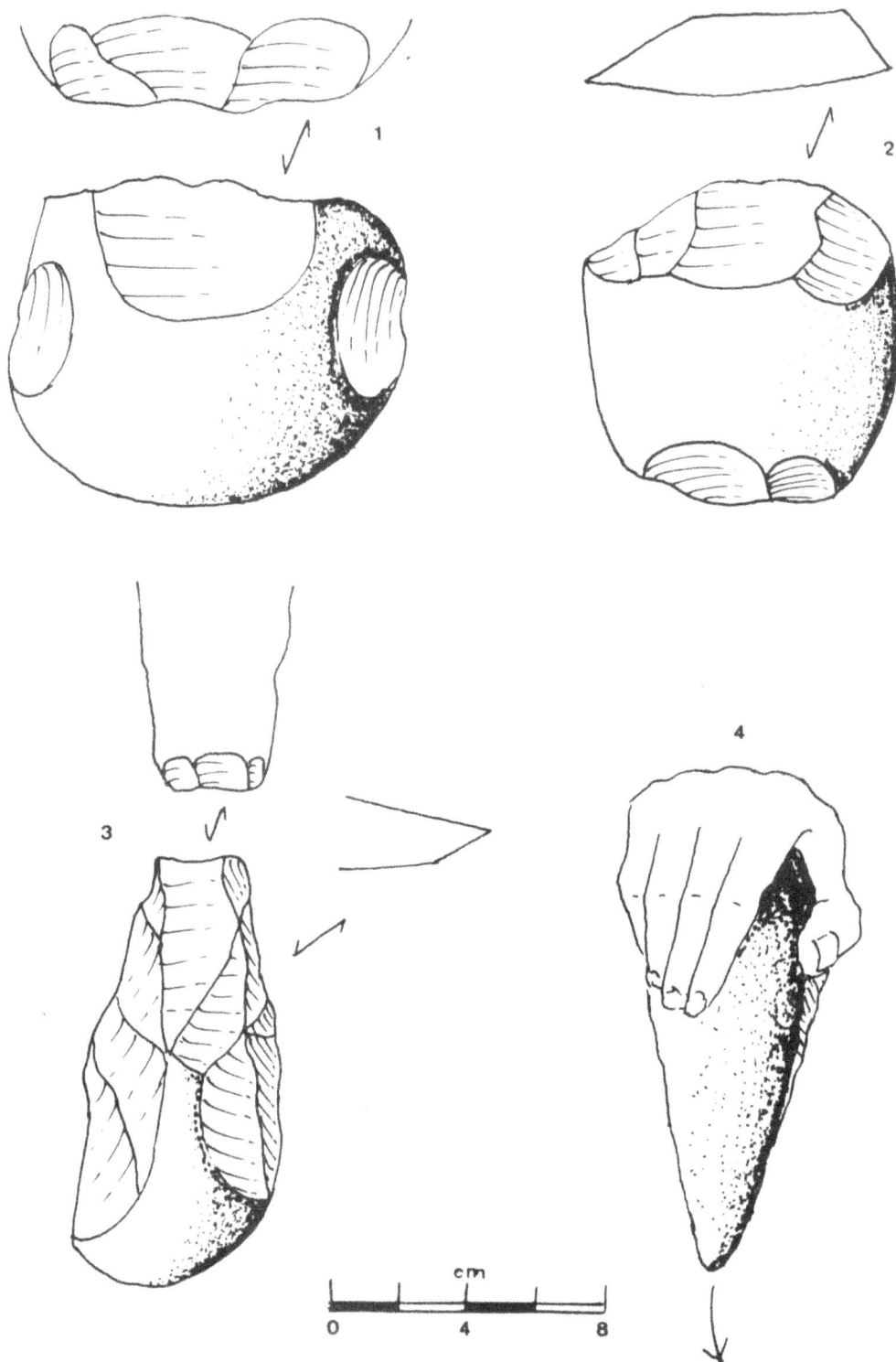

Fig. 40. 1: chopping-tool à encoches latérales peut-être pour fixation ?
2: chopping-tool à base amincie
3: pic à aménagement en ciseau
4: mode d'utilisation du pic.

1: chopping-tool with lateral notches, possible for fixing a haft ?
2: chopping-tool with thinned butt
3: pick with a chisel-like point
4: method of using a pick.

76

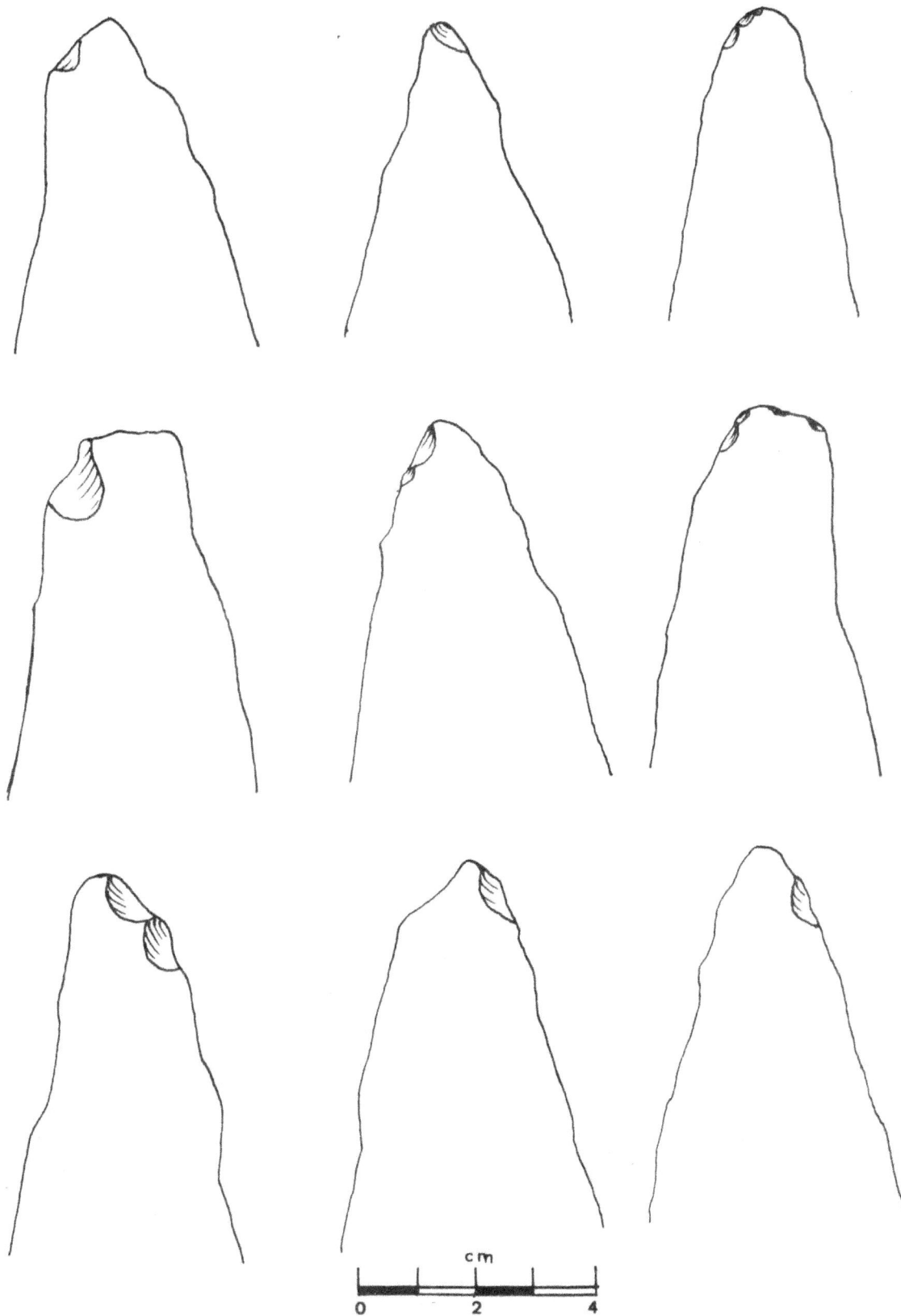

Fig. 41. Traces de chocs sur le revers de pics asturiens indiquant leur utilisation.

Marks of blows on the backs of Asturian picks, indication their method of use.

77

Fig. 42.   Traces de chocs sur le revers de pics asturiens indiquant
           leur utilisation.

           Marks of blows on the backs of Asturian picks showing their use.

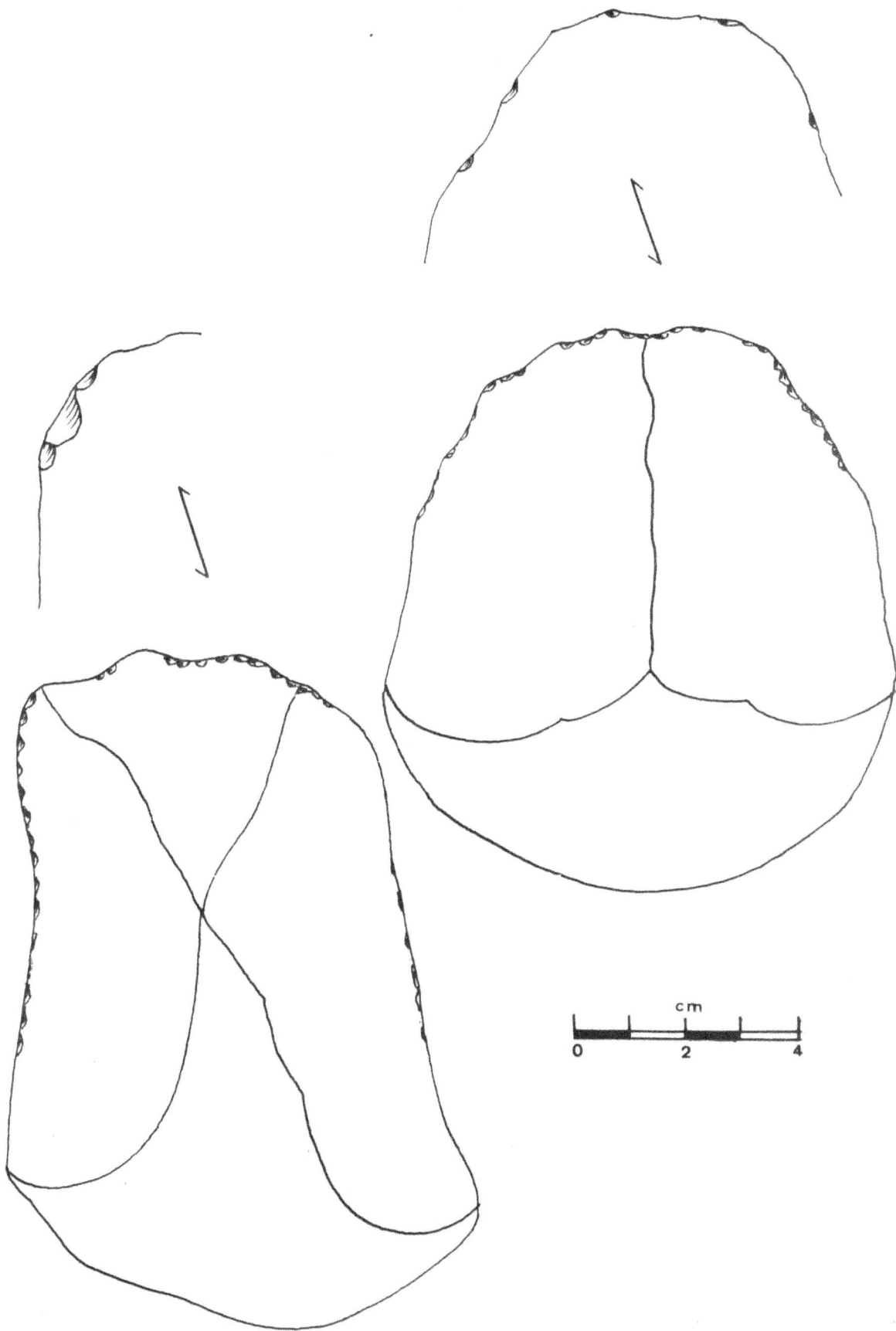

Fig. 43. Traces d'utilisation visibles sur des monofaces asturiens.

Marks of use of Asturian monofaces.

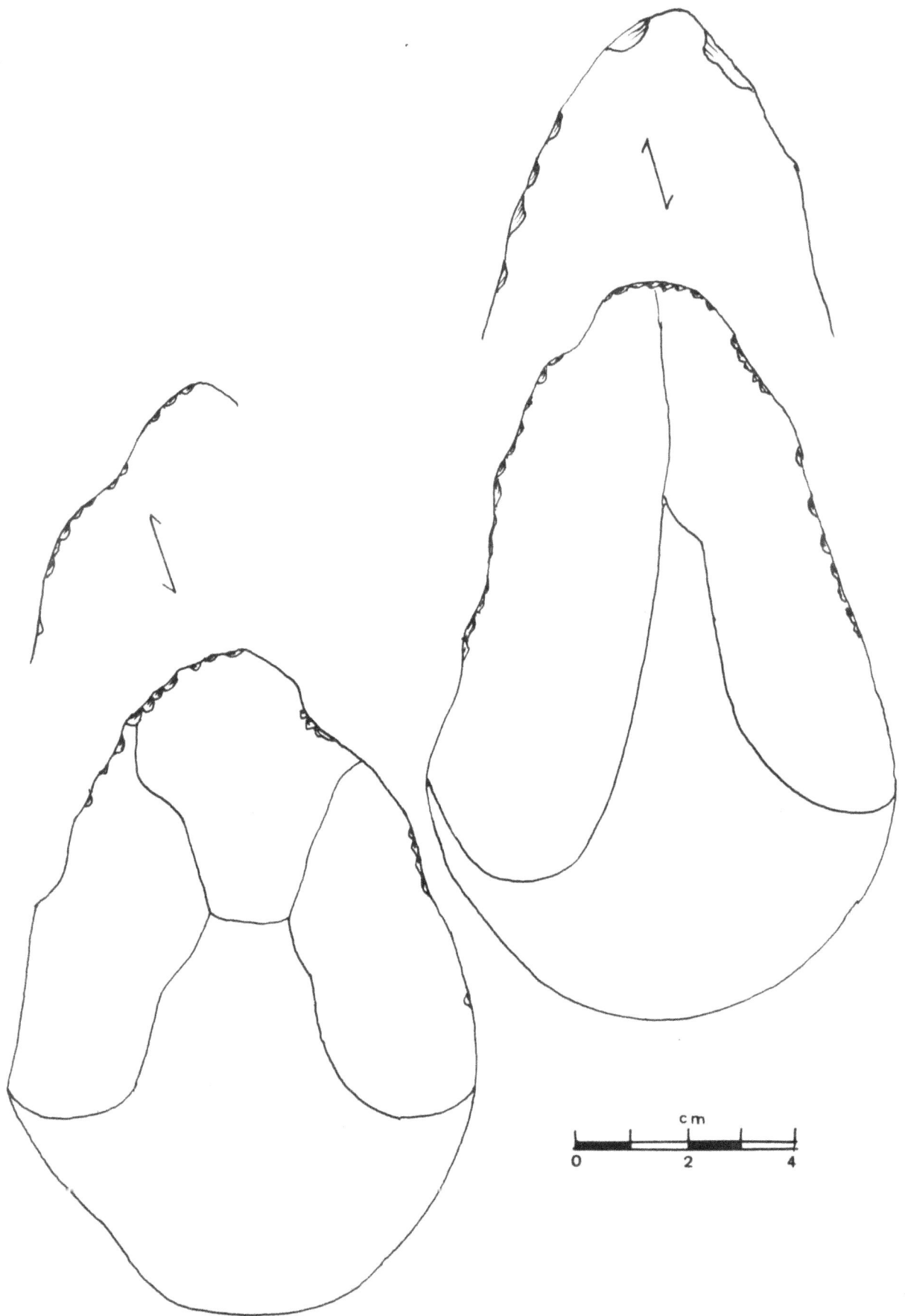

Fig. 44.   Traces d'utilisation visibles sur des monofaces asturiens.

Marks of use on an Asturian monoface.

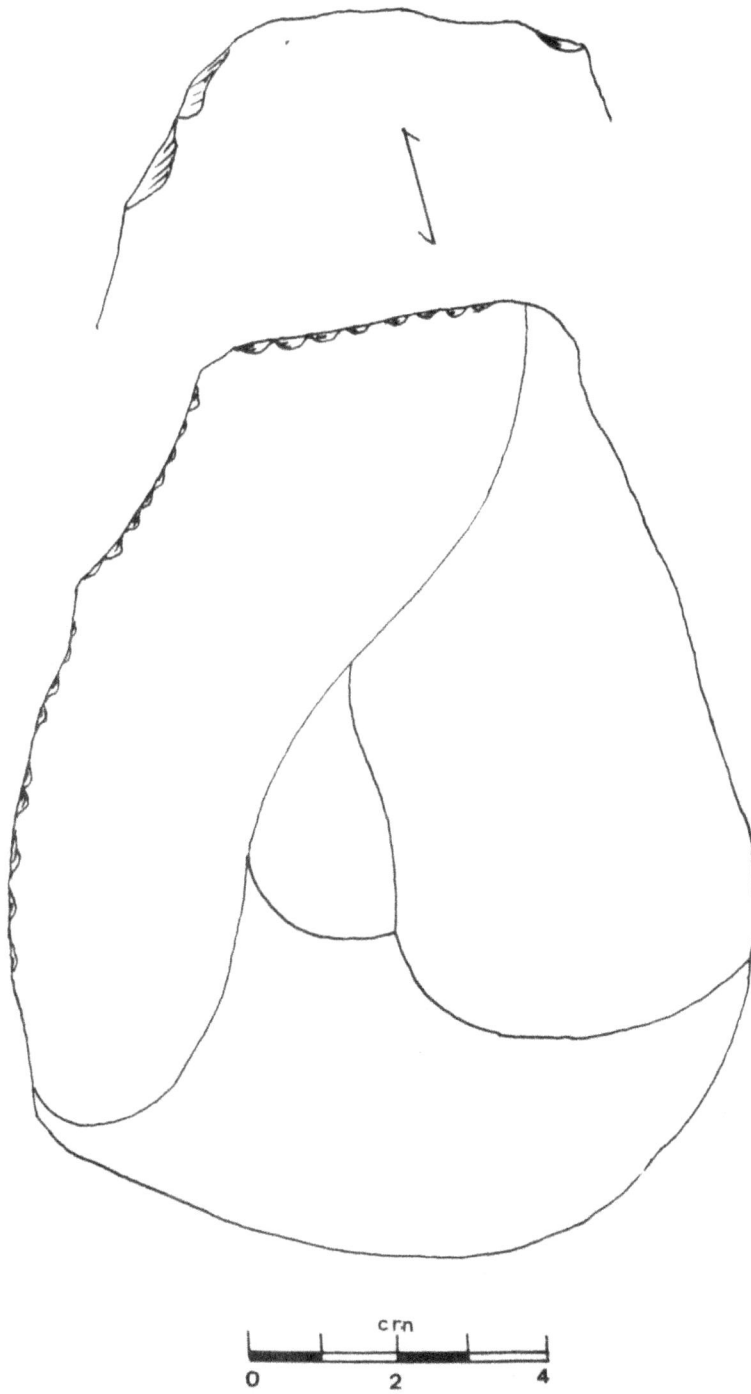

Fig. 45.   Traces d'utilisation visibles sur un monoface asturien.

Marks of use on an Asturian monoface.

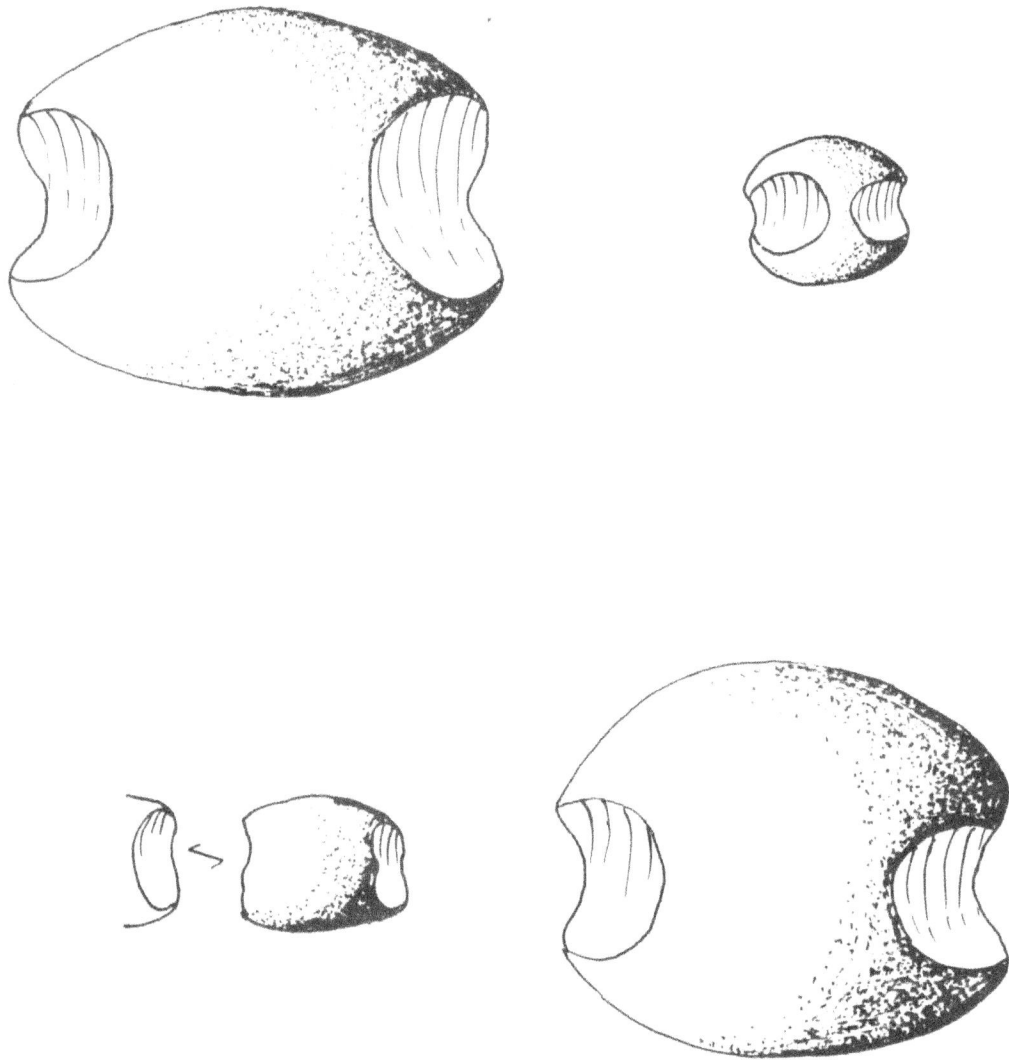

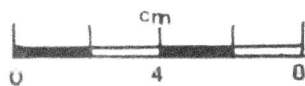

Fig. 46. Différents types de poids à pêche selon leur taille indiquant des techniques de pêche différente.

Different types of Asturian fishing-weights. Size indicates different fishing techniques.

INTRODUCTION

Of all the prehistoric cultures of the Iberian Peninsula, the Asturian is certainly one of the most distinctive.

Using the chopper, but especially the pick, that is to say a tool made by striking flakes from the sides of a pebble to form a strong point, the Asturians reveal their presence by their abandoned tools on all the north west coasts of Spain and Portugal.

Discovered in 1914 by the Comte de la Vega del Sella in the cave of Penicial near Llanes on the coast of Asturias, this culture was originally assigned to the Lower Palaeolithic because the tools appeared crude and archaic. Later, other Asturian assemblages have been found stratified in levels later than the Upper Palaeolithic, notably in the cave of Cueta de la Mina where the Asturian deposit lay above the Magdalenian and the Azilian. Thus, despite its primitive and crude character, the Asturian was dated to the Mesolithic. Subsequently, new Asturian sites have been recorded in Galicia by Jalahay, and later on the coast of northern Portugal where R. de Serpa Pinto has examined the site of Ancora.

A number of Asturian sites are now known on the whole coast of Asturias, notably in many caves near Oviedo and Galicia, but above all in the north of Portugal between Viana do Castelo and the Spanish frontier. Furthermore, Asturian picks have been reported from Biarritz on the beach of Mouligna. But at Biarritz these tools are associated with flint tools consisting of microliths, polished axes, and pottery. They therefore certainly belong to a late group of the Asturian, contemporary with the Neolithic. Moreover the radiocarbon dates have given a mean of 3700 B.C. for an undisturbed level which produced a typical pick and some sharpened flints. But it is not possible to identify in such assemblages the Asturian of Asturias or of Portugal, the tools of which are different and the dating always much earlier.

In Asturias, the mass of Asturian shells at La Riera has been dated to 6690 B.C. by radiocarbon dating. This date seems to correspond to the peak of the Asturian culture in this region. But it fades away and disappears towards 3300 B.C., the date obtained for another mass of shells, those of Los Padrons, which is already post-Asturian.

However this may be, the Asturian of Cantabria is clearly distinguished from the Portuguese Asturian. In fact one very often finds on the Asturian sites in Asturias numerous worked flints mixed with the Asturian quartzite tools, and particularly numerous blades and bladelets of flint, and burins, objects completely unknown on the Portuguese sites. Thus in the beds of Liencres, near to Santander, Asturian picks are rare and choppers very poorly represented, while the fishing weights are not even mentioned. On the other hand, flint blades, bladelets and burins are numerous: they constitute the main part of the assemblage. In contrast, as we shall see, the Portuguese Asturian is very different. Entirely constituted of pieces made from quartzite pebbles, choppers are abundant, picks are always numerous and fishing weights are well attested, but flint blades, bladelets and burins do not figure there and are totally unknown. These differences imply if not a chronological separation between the two industries, at least some considerable differences in the style of life of the two groups. Be that as it may, the Asturian culture appears everywhere as a coastal culture well localised in a narrow littoral band. The Asturian pick, a basic tool of that culture, is moreover completely unknown in the interior and disappears as one gets further from the sea. Almost all the Asturian deposits explored by the Comte de la Vega del Sella were in fact some hundreds of metres from the shore, the most distant being situated only six kilometres from the sea. This is equally true of the Cantabrian sites discovered since then. All are found beside or at a short distance from the coast. As to the Asturian sites of Galicia and of Portugal, they are open air sites where the fragments litter the beaches right on the edge of the ocean.

Apart from the tools, often few in number, discovered stratified in some Asturian caves, the Asturian is above all known by the surface sites. It is significant that the best documented study of this culture remains that of R. de Serpa Pinto who in 1925 studied the open-air site at Ancora. But although the work was interesting, more recent researches have been necessary in the Ancora area to make the best use of the enormous amount of material which still exists in this area. The use of accurate typology, made possible by the progress of archaeology in this field, and the use of statistical methods has produced new information and results. The work described in this monograph was begun by the author in 1966 in the northern part of Portugal, between Viana do Castelo and the Spanish frontier; work which continued almost without interruption until 1974. In this sector, situated between the rivers Lima and Minho, the Asturian levels follow one another along the coast in an almost continuous fashion for more than 20 kilometres, with some particularly rich zones, notably the beaches of Areosa, that of Ancora and the entire littoral between Ancora and Moledo.

STRATIGRAPHIC SECTIONS

On all the beaches of the Portuguese coast, between the rivers Lima and Minho, Asturian artefacts can be picked up from the surface of the earth some metres from the sea. But this does not indicate true open air sites, for the tools which litter the beach are not there in their original positions. They have come there, in reality, from strata of pebbles situated originally in a fossil beach destroyed by erosion, particularly by the sea during storms, as is shown by some fragments which remain in place. Furthermore the Portuguese archaeologist R. de Serpa Pinto noted them in his time in his study of the site at Ancora. He even gave in his article a stratigraphy for a point near the fort at Ancora where he noted the presence of an Asturian pick in situ in a deposit of pebbles.

Since that time, the opening of coast roads and in particular in the last few years the establishment to the north of Ancora of granite quarries, have multiplied the number of cuttings in the earth which allow us to make new observations today. Thus the author has been able to complete and to establish the stratigraphy of the Asturian levels of this coast, a systematic examination of these cuttings having resulted in the discovery of about fifty Asturian artefacts in situ in the strata of pebbles.

A first series of cuttings has been studied 500 metres to the north of the beach at Carreço.

A coast road which follows the sea cuts at many points the talus of the 7 metre fossil beach. In this way a first cutting could be found. It showed from top to bottom:

1. On the surface, 50 cm of dark grey sand.
2. Below, a bed of pebbles 6 cm in thickness.
3. Lower down, 10 cm of ochre sand.
4. Beneath this, a dark brown silt containing a bed of pebbles 30 cm thick, among which the author found two choppers. These have been catalogued as have all the items discovered in these cuttings, according to the typology devised in 1967 to classify the stone objects found on the beaches in this area. The choppers consisted of a straight transversal and a convex transversal.
5. At the bottom, there was a black silt which contained no gravel.

50 metres nearer the sea than this first cutting, a landslide, no doubt caused by a storm, produced another cutting on this 7 m fossil beach. In this cutting there were observed from top to bottom:

1. At the surface, 10 cm of sterile grey sand.
2. Below, 10 cm of yellowish sand containing a fairly large quantity of pebbles at the bottom, among which were a chopping tool with a straight cutting edge and a transversal chopper with an oblique cutting edge.
3. Below, 30 cm of ochre sand with some granules.
4. A bed of pebbles in the interior of a bed of dark brown silt.
5. 48 cm of very dark brown silt.

A third cutting at some distance from the two preceding ones, still in the same fossil level, produced the following succession:

1. At the surface, 50 cm of dark grey sand.
2. Below, 30 to 60 cm of light brown sand containing a bed of pebbles among which were found two transversal choppers, one convex and one straight, the first with fresh fractures, the other a little worn.
3. A stratum of ochre sand 20 cm thick.
4. A dark brown silt containing a bed of pebbles, 20 cm thick.
5. At the bottom, a dark brown silt without gravel, of which a thickness of 40 cm was visible.

Some other cuttings caused by a granite quarry lay 7 kilometres to the north of these at Carreço, 500 metres to the north of Ancora, the quarry workings having cut into the 7 m fossil beach at several points.

A first cutting to the south of the quarry, below the coast road, revealed in August 1973, the following deposits:

1. At the top, about 10 cm of sand.
2. Below, about 40 cm of brownish sand containing a few small pebbles.
3. Lower down, a very dense bed of pebbles, 40 cm thick. These pebbles measured on the average 10 cm in length, judging by the 30 which have been measured. Among them were a trapezoidal monoface, four transversal choppers of which one was convex and three were straight, a chopping-tool with a concave cutting edge, and a fishing weight of oval form with unifacial notches.
4. Below, 30 cm of greyish sand.
5. A new bed of smaller pebbles, averaging 6 cm in length, of 15 cm thickness, containing a proto-pick and a transversal chopper with a sinuous cutting edge.
6. A bed of black silt 6 cm thick.
7. Granite rock at the bottom.

A second cutting a few metres from there but a little to the north revealed the following strata:

1. At the surface, 10 cm of grey sand.
2. Below, a 15 cm thick deposit of dark grey sand.
3. Lower down, a very dense bed of pebbles 30 cm thick. This stratum produced three pieces: a convex transversal chopper, a chopping-tool, and a trapezoidal monoface.
4. Below, a level of dark grey sand.
5. Lower down still, a bed of pebbles 50 cm thick. The largest of these pebbles were at the bottom of the level, surrounded on the upper part by the underlying black silt. This bed produced two flakes with cortex backs, a chopping-tool, and a chopper with two isosceles faces.
6. A bed of black silt without pebbles, 70 cm thick.
7. At the bottom: granite rock.

A third cutting still in the same fossil beach, a little to the north of the preceding ones, gave the following stratigraphy:

1. At the surface, 6 cm of greyish sand.
2. Below, a bed of pebbles 10 cm thick. These pebbles, of medium size at the upper part of this deposit (average length 7 cm), were appreciably larger towards the bottom (average length 10 cm). This bed produced a concave lateral chopper with a single median facet, two straight transversal choppers and an oblique transversal chopper with the cutting edge to the left.
3. 5 to 10 cm of grey sand containing some granules.
4. A new bed of pebbles of an average length of 10-14 cm, which were considerably larger than those of the bed (2) above, surrounded by a black silt 30 cm thick. This bed contained a typical Asturian pick with a trihedral point and three transversal choppers.
5. A black silt without pebbles, 30 cm thick.
6. At the bottom, the granite rock.

Another cutting, still in the same 7 m beach at a point 30 m to the north of the preceding ones, exhibited the following succession:

1. At the surface, a stratum of sand 10 cm thick.
2. Below, a bed of pebbles of an average length of 8 to 10 cm, very dense, extending for a depth of 40 cm.
3. A bed of sand 5 to 10 cm thick.
4. A bed of large pebbles with an average length of 10 to 14 cm embedded in black silt. This contained a convex transversal chopper, a straight transversal chopper, and a palet-disc.
5. Below, a black silt without gravel which undoubtedly covered the granite rock, though it did not appear here.

Still further to the north of the cuttings which have been described, the quarry had extensively cut into the talus of the fossil beach, producing two large cuttings which were readily interpretable.

The first cutting, at right angles to the sea, showed the following deposits:

1. At the surface, a brownish sand.
2. Below, 40 cm of grey sand.
3. 48 cm of very dense pebbles in a dark grey sand. The majority of these pebbles measured 10 to 15 cm in length. This deposit produced a typical Asturian pick with a straight trihedral point, a proto-pick, a sub-triangular monoface, two transversal choppers, of which one was convex and the other had disymmetrical faces, a fragment of a pebble, and a split pebble.
4. A new bed of pebbles less closely-packed but a little larger, enveloped in a black silt, 30 cm thick. This level produced a typical Asturian pick with a straight trihedral point, an oval monoface, a proto-pick with a quadrangular point somewhat askew, a transversal chopper with a single facet inclined to the left, a chopping-tool, a disc, and a fragment.

In the second cutting of this section of the quarry, but this time parallel to the sea, there were noticed the following deposits:

1. At the surface a superficial bed of brownish sand.
2. Below, a bed of 20 cm of grey sand containing a few small pebbles.
3. Lower down, 40 cm of pebbles, very dense, with an average length of 12 cm. This bed yielded a typical Asturian pick with a straight trihedral point, a convex transversal chopper, a concave micro-chopper with a single median facet, a trapezoidal monoface, a splinter of a pebble, and a pebble from which several flakes had been struck.
4. 10 cm of brownish grey sand.
5. Lower down, a new bed of pebbles 15 cm thick.
6. A bed of black silt containing a very few pebbles.
7. The granitic rock at the bottom.

Finally, all these cuttings, although some are several kilometres away from others, match perfectly. They allow one to observe, under one or two deposits of sterile superficial sand, two successive deposits of pebbles, of thickness varying from sector to sector, but consistently producing items of Asturian origin, Asturian picks being sufficiently frequent to permit this attribution. The two beds of pebbles with Asturian tools are often separated by a thickness of sand which is variable but always small. However, they are always perfectly distinguished one from the other, even when they are in contact, by the smaller size of the pebbles in the upper deposits and above all by the fact that the pebbles of the upper deposits are surrounded by a dark grey sand, while those of the lower level deposits are in a black silt. In every case, the archaeological deposits lie on a bed of black silt which covers the granitic rock.

The dating of this silt would therefore permit us to place these Asturian assemblages precisely in their chronological situation, and as a consequence to give a precise chronology to the Asturian of this region. In anticipation of radiocarbon dates, it is possible to put forward some hypotheses.

L. Berthois, in a study which appeared in 1949 in volume XXIX of the Communications des Services Geologiques du Portugal (pp. 1-61), states that the granulometric and mineralogical analysis of the black sediments which come from the Areosa fort area and from the north of Ancora shows sandy silts with some coarse elements containing grains of quartz which are very little worn, with a considerable predominance of fine constituents, indicative of flooding of the surface at the time of their formation. But these observations do not constitute a precise basis upon which to found a chronology.

G. Zbyszewski and C. Teixeira, on the other hand, in a study of the marine beach of 5-8 m (18), after noting the prevalence of these silty black deposits on the shores of the Minho, that is to say in our region of study, attributed this formation to the Riss glaciation, given 'the very considerable abundance of Acheulian and Languedocian artifacts' (p. 7) found in situ above these black silts.

But such an archaeological attribution of the tools on these beaches supposes that these authors still accept the view advanced by Breuil and Zbyszewski in 1942, according to which the Asturian objects in this sector are found mixed with Acheulian pieces, the monofaces being associated in this case with the Acheulian bifaces and the palet-discs being considered as the fossil indicators of the Languedocian, a culture invented by Breuil in 1937 in the course of his researches on the terraces of the Garonne and which he considered contemporary with the Mousterian (4).

But these attributions are not able to satisfy us today. In fact, if one considers without preconceived ideas the assemblages in this area, it is evident that there exists no item which is genuinely Acheulian. Our cuttings have not moreover produced a single biface. No doubt the collection discovered was numerically insufficient to decide that there had never been true bifaces in these deposits. But in order to establish the typology of the pebbles collected on the beaches I have examined 4738 pieces coming from those deposits which have been disturbed by erosion, without discovering a single biface. On the other hand the choppers which can be collected in profusion on all the beaches are not specifically Palaeolithic implements. They survive sometimes into the Neolithic and even later, especially in Portugal. As to the monofaces, their similarity of form to the bifaces does not allow us to conclude that they belong to the Acheulian. Moreover the monofaces are constantly found in our cuttings in association with typical Asturian picks, which suggests rather that they should be attributed to the Asturian. Besides, all the monofaces found stratified have the same patina and the same freshness as the Asturian picks with which they are associated. Nothing indicates that they are earlier. No trace of use or of wear by windblown sand allows us to distinguish between these two types of tool, which are moreover found in the same stratum.

One can make similar comments concerning the supposed existence of a 'Languedocian' industry in this area. Breuil invented the term Languedocian to designate a flake industry whose originality he thought he recognised in 1932 on the fossil terraces of the Garonne. But when Breuil put forward his theory of the Languedocian, he thought that he possessed in the palet-disc a fossil indicator and he accorded it a precise chronological value that this object does not possess. It is as a result of the palet-disc, in fact, that Breuil supposed the Languedocian to be contemporary with the classical Mousterian (3). But since then discoveries of palet-discs have multiplied without confirming the hypotheses of Breuil. Quite to the contrary. Many of these tools, in fact, have been found in assemblages later than the Mousterian and even, most often, well post-glacial. Thus Betirac discovered palet-discs in the Magdalenian VI in the Montastruc shelter at Bruniquel. L. Méroc reported their abundance on the 12 m terrace of the Garonne, associated everywhere, in a suspicious fashion, with Neolithic pieces, notably with polished axes. The same author also found them in a well, at Cordes, with some fragments of mediaeval pottery, in particular some 'pegau' and some coins of Louis XIII. The palet-disc thus has not got a precise chronology. One finds it in very diverse contexts. Its presence with the Asturian tools does not allow us to allot the assemblage or a part of the collection to a precise culture called the Languedocian. It cannot serve as a chronological benchmark. Moreover, in the present state of researches, the Languedocian appears to be an obsolete hypothesis, in fact an imaginary culture.

Finally, our cuttings produced equally palet-discs and typical Asturian tools having the same patina, the same state of freshness, and it is impossible to detect the least chronological distinction between these objects. The archaeological pieces discovered in situ in the stratified deposits derive thus from two Asturian levels closely adjacent to one another even though they are successive. Perhaps the relatively modest number of pieces recovered do not permit us to distinguish the differences. It is in any case similar assemblages which are found in the two levels, the tools being identical and their proportions very similar.

From the chronological point of view, these Asturian deposits could be related to those discovered in the caves of Asturias where they are distinctly post-glacial for they are superposed on the upper Palaeolithic deposits and even on the Azilian. The investigations of Pr. Noon seem to confirm this for Portugal. That author, in effect, reports in a study of the geography of the coastal area of Galicia (12), at Mougas, to the south of Bayonna, therefore in a region neighbouring our area of study, some blackish, humic, fossilised sediments which seem to correspond to the black silts which we have observed at the bottom of the Asturian deposits in Portugal, from Carreço to Ancora. H. Noon attributes these deposits to the end of the Würm glaciation on the strength of two radiocarbon dates which have given 18,200 B.P., that is 16,250 before our era, for a sample taken in the middle of his cutting, and 11,650 B.P., or 9,500 B.C., for a sample from the higher level.

If the black silts studied by H. Noon correspond to those of the Portuguese beaches, as is very probable, the occupation of the 7 m beach by the Asturians should be placed shortly after 9,500 B.C.

THE PROBLEM OF THE WATER-WORN PIECES

In addition to the items found in the cuttings of which we have spoken, a very large number of Asturian tools have been collected from the surface of the ground. Many pieces, for example, are found on all the surface of the 5-8 metre fossil beach, no doubt deposited there by ploughing. But the great majority are found lower down this same beach, from the foot of the fossil talus down to the edge of the sea, no doubt because of the destruction of the beds by erosion. It is clear that these pieces are not in their original place. Their position immediately below the undisturbed level indicates it seems, their true origin.

But among the pieces which are scattered on the surface, a certain number have been rolled and worn by the sea. Thus a problem is posed: despite the undoubted common origin of all these pieces, is it not necessary to give an earlier chronological value to the worn tools? Should not one distinguish the worn pieces from the unworn? To put it another way: what chronology should one give to the unworn assemblage and to the worn assemblage?

The same problem is posed when one finds tools so heavily used that they have been disfigured, which might lead one to suppose that they have a greater antiquity than tools with fresh fractures. One knows, moreover, that the investigations of H. Breuil and G. Zbyszewski in 1942 on the Palaeolithic deposits of Portugal were for the major part founded on the postulate, more or less implicit, that the worn pieces found on the beaches were, in principle, more ancient than the fresh pieces. Moreover, the majority of the classifications of assemblages recovered from these deposits and studied by these authors were established on the basis of this criterion, a criterion used still today by G. Zbyszewski. No doubt this postulate is often supported by observations and by precise facts which it is impossible to contest. But the limits had yet to be established and it remains to be seen whether it was applicable without reservation to Asturian pieces.

It was in order to resolve this problem that the author collected, in 1967, from in front of the talus of the 5-8 m beach at Areosa, two series of pieces taken at random from the same sector, comprising 100 fresh tools and 100 worn tools to study the typological constitution of the two samples. It was thought that if a significant difference of time separated the two groups, some typological differences would necessarily become apparent. A significant typological difference would correspond to a considerable chronological difference. The difference in structure of the two selections of tools would thus permit one to measure the difference in time separating the two assemblages.

But the results did not confirm this hypothesis. The two groups comprised the following tools:

Worn Series: 100 pieces

      21 Asturian picks
       3 monofaces
      65 choppers
       5 chopping-tools
       3 fishing weights
       2 flakes
       1 split pebble

Unworn Series: 100 pieces

      18 Asturian picks
       2 monofaces
      52 choppers
       1 chopping-tool
      14 fishing weights
      11 flakes
       2 split pebbles

Without doubt some differences are apparent in the composition of the two samples. The number of fishing weights (3% and 14%), and of flakes (2% and 11%) differ appreciably from one series to the other. But the basic tools which are most characteristic of the Asturian civilisation are found in the same proportions in the two groups. Thus the percentage of Asturian picks (21% and 18%), those of the monofaces (3% and 2%), those of the choppers (65% and 52%) are comparable and very similar. The similarity of the curves obtained for the two groups confirms the similarity of the two series (Fig. 11). Thus, instead of the expected typological discontinuity between the two groups of pieces, the similarity of the two assemblages stands out, both as regards composition and percentages.

The postulate of a chronological discontinuity between the worn and unworn tools from these beaches therefore does not stand up to examination. The two series obviously belong to the same industrial culture. The wear on the edges, the traces of abrasion cannot thus correspond to a difference in age, but are due to the action of the sea upon certain tools. The profound changes brought about in some tools are due to the force and violence of the waves which can certainly alter a piece very rapidly. Moreover, the typology of the worn pieces in no way differs from that of the unworn pieces. In both groups we find the same type of chopper and the same type of pick, even if they are profoundly altered. One can put it to the test at any point on the ground.

On this beach, then, except in particular cases, the wear on certain Asturian pieces does not permit us to distinguish them from the unworn pieces and to accord to them a more ancient chronology. In the same chronological group certain tools have been worn by the sea. The constant presence of the sea some metres from the archaeological sites is a better explanation than a different chronology for the difference in the state of wear of the pebbles.

THE ASTURIAN ARTEFACTS FOUND ON THE SURFACE

In the face of the enormous quantity of archaeological specimens which litter all the Portuguese beaches between the Lima and the Minho, a detailed study of the typology must make full use of statistics if one wishes to trace the profile of this culture to the limits of all the available evidence. This is the work on which the author has been engaged since 1966. Up to the present time 4738 tools have been catalogues, studied, drawn, and indexed. This total appears sufficiently large to draw up the typological list of the tools used by the Asturians in this area.

For the typological study I have borrowed the general principle of my classification of choppers, which are very abundant in the Asturian, from B. A. Ranov who proposed a typology for the worked pebbles, in 1966, as a result of his work on the deposits of Kara Boura (13). The pebble-tool sites of Central Asia have, of course, no relation to those of Portugal, but the principles employed by Ranov are sufficiently flexible to be adapted to very different industries such as the Asturian of Portugal. Ranov took account of two fundamental elements to classify worked pebbles, especially choppers. The first is the situation of the cutting edge on the pebble. Following from the place of this cutting edge on the piece, the tool is held in different ways, which implies different techniques of action. For the Portuguese pebbles I have noted two positions of the cutting edge. Across the end of the pebble it produces transversal choppers, along the length of the pebble, lateral choppers. Secondly, Ranov took note of the form of the edge. This is, in effect, the active part of the implement. A difference in the form of the edge presupposes a different purpose for the tool and so other functions for the piece. For Portugal I have retained the convex, straight and oblique cutting edges, but I have added to Ranov's types the sinuous edge, one with two isoceles faces, one with two unequal faces, an edge with a median facet, and an edge set to the right or the left. Such a classification permits inclusion of all the choppers along this coast-line.

The statistical examination of the assemblages from the surface of these beaches confirms the evidence found during investigation of the sites: the Asturian assemblage is dominated by two basic instruments, the chopper and the pick.

Under the title of chopper, I have placed the worked pebbles which present a simple cutting edge, obtained by a small number of strikings on a single face. Choppers are the tools that occur most frequently. They constitute almost half the assemblage (49.8%). But they are more or less abundant according to the site. However, this frequency never falls below 36% (the beach at low tide at Areosa), but only rarely reaches 75% (beach at Afife). Everywhere, transversal choppers are the most numerous (79.9%). In this category, choppers with a convex edge predominate (57.8%). Straight-edged choppers (10.07%), concave choppers (10.04%), and oblique choppers (10.01%) are about equally common. Much rarer, on the other hand, are the sinuous choppers (4.5%), the choppers with a single median facet (1.4%), and the choppers with an edge set to the left (1.07%). Finally, represented by a few specimens only, come the choppers with a cutting edge formed by two unequal faces, and choppers with the cutting edge set over to the right. The rarity of the latter category of implements is not surprising, as this type of tool has to be held in the left hand, since the active part of the tool is to the right. In principle, only left handed people could use them. Amongst the lateral choppers also (20.1%), the tools with a convex cutting edge are the most numerous (49%), followed at a distance by straight edged choppers (20%), concave choppers (11.7%), sinuous choppers (10.1%), oblique choppers (4.5%), and choppers with two isosceles faces (2.6%); choppers with two unequal faces being represented by a few examples only. These results are summarised and recorded in the graphs and statistics in the figures. They show the diversity of the Asturian tools. In any event, the chopper does not, as has sometimes been suggested, imply simple and sterotyped actions. On the contrary, the diversity of forms of the cutting edge suggests many different types of activity.

Like the chopper, the pick is also very extensively found in the Asturian strata in Portugal. Moreover, it is the most characteristic tool of this culture, its true fossil indicator, if this term still has a meaning. Asturian picks are implements made from a pebble, with a strong point finished by unifacial secondary working. If one examines the section at this point it is possible to distinguish picks with a trihedral point (80.8%) and picks with a quadrangular point (19.2%). There occur very rarely bifacial picks which, in addition to a trihedral point like that of the picks referred to above, have secondary working of the face which is normally left untrimmed, without, however, this changing form of the tool.

In some examples of picks with trihedral points and triangular points the point is askew. More numerous are picks with a very blunt, short point. The author has recorded 8.9% with trihedral points and 2.2% with quadrangular points, but in every case the points are blunt and very short. This feature enables a distinction to be drawn between this type of implement and the true pick. The author has sometimes referred to this implement as a protopick but the protopick does not appear to be an earlier tool than the true pick. Nor is it a degenerate, and therefore a later form of this tool. The two types of tool are found together in all the strata, and it is impossible to establish that one is earlier than the other.

Between the Lima and Minho, the percentage of picks is 26.7 for the Asturian sites studied. That is to say in these deposits one implement in four is an Asturian pick. Naturally, the percentage varies from one site to another, but is always high and for the deposits studied lies somewhere between 11% (Afife site) and 38.3% (Areosa beach at low tide).

In addition to choppers and picks, the beaches of northern Portugal, between the Lima and the Minho, consistently produce monofaces, chopping tools and fishing weights.

For a long time, the monofaces were identified with the picks. R. de Serpa Pinto, for example, in his study of Ancora, called them "rounded picks", because of their curved cutting edge (Fig. 14). But precisely because of this edge this tool cannot be placed in the same category as the pick. The Asturian pick has a strong point in place of a cutting edge, and its morphology is therefore quite different. Such a distinction between the active parts of the two implements allows of no confusion between them. In addition, it indicates quite different uses.

Later, H. Breuil and G. Zbyszewski identified the monofaces with the bifaces (Fig. 4). Very recently, G. Zbyszewski once again refers to "unifacial hand axes" in the Asturian of Portugal. (Fig. 17) This identification lead Breuil to suppose that the beaches where Asturian picks and monofaces are found together in fact display two different industries, Asturian and Acheulian. Zbyszewski suggests that the picks found in association with the monofaces are older than true Asturian picks and he terms them "Languedocian picks"; he proposes an earlier date, in the opinion of the author unjustifiably, for the Asturian assemblages, assigning them a chronology similar to that of the Mousterian.

In 1973, the author attacked this view. (Fig. 9) He believes that the monofaces, in spite of their resemblance to the bifaces, are contemporary with the Asturian and have no connection with the Acheulian, the similarity of form being coincidental. Besides, the monofaces, as their names suggests, are always worked on one face only, and this distinguishes them from true bifaces. In addition, on the Asturian beaches they are always found mixed with Asturian implements in deposits where no genuine bifaces attributable to the Acheulian are found. Finally, the author has found several examples in situ in Asturian strata dated by typical and indisputable picks. Since he began work on the Portuguese Asturian, he has reserved a place apart for these implements and placed them in a separate category, that of monofaces. In this category are placed pieces which are more or less ovate in shape, with the distal end rounded and with a continuous cutting edge worked on one face only, with extensive secondary flaking, only the butt being left untrimmed.

The term monoface surely indicates clearly that the piece is worked on one side only and not on two, as with a biface. Moreover, this term seems preferable to "uniface", a term used princioally by prehistorians to designate tools made from flakes. Unlike these, the Portuguese monofaces are always core and never flaked tools, although flakes are numerous on the eastern beaches.

Since there is no indication that the monofaces may have a different chronological value from the Asturian picks, these instruments seem closely linked to the picks. In addition, the percentage of monofaces is considerably higher in deposits where picks are abundant than in those where picks are rarer. That is to say, the number of monofaces increases and decreases in relation to the number of picks. This shows the close connection between these two types of instrument. Thus, on Areosa beach at low tide, out of 600 tools examined, there were 38.3% picks and 9.3% monofaces. On the Ancora-Minho beach, near Moledo, out of 700 artefacts, 30% were picks and 8.2% monofaces. On the other hand, at Gelfa, out of 300 tools, picks formed a smaller percentage (16.3%) and so did monofaces (3.3%). This is also true of Afife where, out of 200 pieces only 11% were picks but there were also very few monofaces (0.5%). It would therefore appear that between Lima and Minho the percentage of monofaces is directly linked to that of picks, that is to say the monofaces closely follow the percentage variation of the picks.

Quite clear distinctions in the form of the monofaces in this region enable us to distinguish five types which correspond to five different types of implement. These are: discoidal, ovate, triangular, trapezoidal, and concave edged. Everywhere, the ovate are the most numerous. Thus at Areosa, out of 55 monofaces, the author found 24 ovate, 19 concave edged, 8 triangular, 2 discoidal and 2 trapezoidal. Whatever the form of these implements, the great majority have their butt left untrimmed. We are therefore concerned with hand-held instruments, the base of which was used for gripping. However, a few pieces have one side left untrimmed, and not the face, and others, still less common, are dressed all over on one side, which shows that they too are monofaces.

Monofaces are present on all the Asturian sites in northern Portugal but never in large numbers. For all the deposits studied between the Lima and the Minho the statistics show an average of only 5.8%.

Chopping tools, unlike choppers and perhaps in inverse proportion to them, are rare in all the Asturian sites studied by the author. Their average incidence is 2.1%, very exceptionally reaching 6% at Gelfa. However, the collection of artefacts from this sector numbers only 300, which is relatively few, and the percentage for Gelfa is not therefore very significant. Nevertheless, the neighbouring site of Afife confirms the rarity of the Asturian chopping tool. Indeed the implement is so rare on this site that not a single example of it was found during the author's investigations.

Asturian chopping tools fall into two main categories: lateral chopping tools (42%) and transversal chopping tools (58%). Each of these categories comprises five types of implement. First, there are the chopping tools with a single facet on each of the two faces. Then come the chopping tools with a single offset facet on each face, that is to say with the facets only partially matching. The author also found chopping tools with multiple facets on one face matched by a single facet on the other, and this is in fact the most common type found on Portuguese sites, comprising 37% of the chopping tools found in the region. In addition, in this type of implement the large single facet is almost always placed behind the multiple facets of the other face. Another type of chopping tool comprises implements with multiple facets on both sides. Finally, amongst the Asturian deposits in this sector, there is a rather unusual type of chopping tool. It is a chopping tool with multiple facets on the two faces forming an edge with two isosceles faces.

The author uses the term "fishing weight" for pebbles which are roughly ovate in shape and notched at both ends and which could only have been used to weight fishing nets or tackle. These pieces occupy a relatively minor position in the Asturian industry, for they constitute only 2.9% of the assemblages, but this type of implement seems rarer still in Cantabria.

Asturian fishing weights can be sub-divided into several categories, according to their shape and the type of notch on the pebble. The commonest are weights made from longish oval pebbles (63.5%). Next come weights made from circular pebbles (29.5%), then weights in the shape of a figure of eight with the notches in the waist of the pebble (12.7%), and finally weights made from trapezoidal pebbles. The first two categories may be sub-divided according to the position and number of notches on the pebble.

Oval weights with notches at both ends on one face only are the most numerous (43.1%). Then come the circular weights notched on one side only (18.6%), oval weights with a notch alternatively on one face and the other (7.8%), and circular weights with a double notch on both faces (2.9%). Only a few pieces are circular with a double lateral notch. Besides choppers, Asturian picks, monofaces, chopping tools and fishing weights, the Asturian sites of northern Portugal produce, less frequently and often in very small numbers, many other tools. Amongst these have been found end scrapers, different sorts of side scraper, discs, palet-discs, retouching tools, rostro-carinates, polyhedra, microchoppers and micro chopping tools, which indicates the great diversity of these secondary tools.

Asturian end scrapers are rare. The few examples found by the author were implements made from pieces of pebble, the sharp edge of the tool being produced by removing flakes at a steep or fairly steep angle to give this implement its characteristic form. Asturian side scrapers are of various types. Some have been made from split pebbles. In this case, the sharp edge of the tool is found on the split face of the pebble; but most of them are elongated oval implements, about 15 cm long and 6 or 7 cm wide with the whole of one face dressed. This implement looks rather like the monoface. However, it can be recognised by its length and especially by its asymmetrical section, one of its edges forming a thick back made by deep or fairly deep secondary flaking, while the other edge is a continuous cutting edge formed by a flat or very shallow flaking. This arrangement suggests that the tool was used as a side scraper with the sharp edge used for scraping and the thick edge for gripping.

The term "Asturian disc" designates large, fairly flat, circular pebbles with more or less continuous flaking around the edge. This flaking is often shallow, sometimes very shallow, and does not cut deeply into the object.

The Asturian palet-discs correspond well to the type of piece described by Breuil at the time of his investigation of the fossil terraces of the Garonne. They are in fact flat disc-shaped pebbles which have retained their cortex on the upper and lower faces while the rim has been removed by the more or less continuous striking of flakes. It has already been explained why this type of tool cannot be considered the fossil indicator of the so-called "Languedocian" culture. In any case, it is found in close association with Asturian assemblages and there is no justification for dissociating it from these.

The term retouching tool is used for an implement about 15 cm long made from a pebble with the whole of one face dressed in the shape of a stick with quadrangular cross section, with one end formed into a blunt point. This is often worn by use. The term retouching tool which is sometimes used for certain almost identical Campignian pieces seems appropriate for this category of implement, without, however, implying anything as to their use or origins.

Most of these tools are flat with a thickness of not more than 3 cm, others are up to 5 cm thick with a carinate appearance, but the wear on the points seems of an identical nature and their usage cannot have been very different.

The rostrocarinates found in the Portuguese Asturian are tools with a thick, solid beak, formed by deep cuts at one end of a pebble with a flat ventral face.

This ventral face may be natural or artificially made by splitting a pebble in two with a sharp hammer blow. This type of piece however is very rare in Asturian assemblages; but since the author has found some examples it was necessary to mention them.

Although equally rare, a few polyhedra are to be found in the Asturian deposits in Portugal. Amongst these are polyhedral balls with a zig-zag edge, that is to say, polyhedra of spherical shape, almost entirely trimmed, but with some signs of a sinuous cutting edge. This type of piece has on occasion been found away from the Asturian. Breuil calls it a "cutting hammer" (Fig. 4), and P. Biberson has placed it in category 1112 of his typological list of worked pebbles of the Maghreb and Sahara (1).

The other Asturian polyhedra seem more distinctive.

There are to be found, especially in the Asturian deposits in Portugal polyhedral balls with double-sided facetting. These are spherical polyhedra with an unworked base and no trace of a cutting edge, and with deep lateral facets on both sides.

Choppers with lateral facets have often been noted. For instance at Ubediya in Israel by Professor Stekelis (Fig. 15), but also in the Maghreb and in the Sahara by P. Biberson (Fig. 1). These, however, were choppers and not polyhedra. Besides, these pieces had only one lateral facet and not two symmetrical facets, one on each side of the object. No polyhedron with lateral facets appears to figure in the assemblages of these regions. This type of piece may be peculiar to the Portuguese Asturian; but however that may be, they are not commonly found.

The ball with a polyhedral surface made from the end of a pebble may also be a distinctive implement, possibly equally typical of the Asturian. This tool is made from an almost spherical pebble, with a small portion of the upper surface simply trimmed by removing small flakes to form a convex surface. Clark has noted some examples at Liencres (Fig. 5), and called them "hammer-stones", but this designation is to be avoided as true hammer-stones are not dressed and their only facets are made by hammer blows and not by the striking off of flakes.

Finally, the Asturian tools found in Portugal include a certain number of very small choppers and chopping tools which may either be included in the statistics with the traditional choppers, or placed in a separate category. The author prefers the second course, as the small size of these tools distinguishes them very clearly from the normal choppers. It is certain that their reduced size is intentional, and not the result of a scarcity of raw material as is sometimes the case. Quartzite pebbles are found in great abundance on all the Asturian beaches, and the Asturians must therefore have deliberately chosen very small pebbles from amongst the natural profusion of pebbles for the purpose of making very small tools. The category of micro-choppers or micro-chopping tools comprises all implements of this type which measure less than 5 cm in length and also implements which may be slightly longer than this but which are no wider than 4 cm. It was thought useful to take into consideration breadth as well as length when determining whether a tool made from a small pebble should or should not be included in the category of microliths.

97

In view of the relatively small number of micro-choppers amongst the Asturian assemblages in Portugal, it is difficult to classify all the different types completely and definitively. However, there are micro-choppers with concave, convex, and oblique cutting edges. Micro-chopping tools seem relatively common. These small tools form a striking contrast to the huge choppers over 20 cm long and sometimes even longer, which are frequently found in the Asturian deposits investigated.

Micro-choppers and micro-chopping tools are sometimes noted in contexts other than the Asturian. For instance, a small assemblage made from micro-pebbles attributed to local Mousterian was found in Italy in the region of the Pontine marshes, and is known as Pontinian. The average length of the pieces is 3 or 4 cm. Similarly, at Vertesszollos in Hungary, on a site dating from the beginning of the Mindel glaciation, there is an assemblage made up of very small tools made from pebbles often only 3-4 cm long. But the small size of the tools in these assemblages seems to be due to a scarcity of raw materials. It is significant that all these tools are very small, and the reduced size is clearly made necessary by the lack of raw materials in the area. On the other hand, at Olduvai, L. Leakey found micro-choppers amongst other dressed pebbles of normal size. More recently, P. Biberson has discovered in the Moroccan pre-Acheulian a micro industry made up of tools 4 to 5 cm long (Fig. 2).

Produced in a region where quartzite pebbles abound, Asturian micro-choppers cannot be explained by scarcity of raw material, but seem to be the result of a deliberate and purposeful miniaturisation. It is possible that these implements were designed for fine tasks, for which normal sized choppers were unsuitable as their size would have made the desired precision impossible.

THE FRAGMENTS PRODUCED FROM QUARTZITE PEBBLES BY THE ASTURIANS

Several different kinds of fragment are to be found in connection with the Asturian assemblages. They are all struck from quartzite pebbles, as are all the tools of this culture.

In all the Asturian sites of northern Portugal, one notices first of all simple flakes of quartzite which come from the cubic polyhedral nuclei that are also found in these deposits. These flakes have no doubt been split off by direct striking, that is block on block with a large hammer-stone or against an anvil stone, which often leaves several percussion bulbs on the flakes. The striking platform of the nucleus is a surface levelled by the removal of flakes at the end of the pebble. This acquires the required shape by the striking of flakes from the whole surface. Sometimes the cortex is only partially removed from the striking platform. Thus some flakes have a band of cortex round the striking platform. The flakes produced by the Asturians are often elongated, with the striking platform and the face from which the flakes are struck forming an obtuse angle, wider than a right angle. This occurs commonly with the so-called Clactonian technique of striking, the only one, so it would seem, that is successful with this type of material: that is to say direct striking of block on block, not only on an anvil stone, but also using a very large hammer-stone. In laboratory experiments similar flakes have been produced by the use of this technique.

There are also many split pebbles to be found in all the Asturian deposits. Some of these, particularly the smaller ones, are certainly debris from the manufacture of large choppers with a single median facet. On the other hand, many seem to be pebbles which have been split obliquely in two in a systematic and therefore deliberate way. There are no objects of this kind on the beaches which were not occupied by the Asturians, where only natural pebbles occur, and no pebbles that have been worked by man. This proves that these pebbles were not simply split by the action of the sea.

Some of the pebbles which have been split in two have been made into scrapers by striking off a series of small flakes round the edge of the split face. These have already been described. But most of these pebbles show no secondary working, apart from a few chips round the edges which may be accidental. It is uncertain what these implements were used for, although it seems clear that they were deliberately made.

In addition to the obliquely split pebbles referred to above, the Asturian strata in Portugal yield pieces of pebble which are equally enigmatic (Fig. 37). These pieces often have two sloping faces which meet at an angle which is almost a right angle. This type occurs very frequently in all the deposits in the area and this strongly suggests that it was produced deliberately. Besides, like the split pebbles, this type of implement is not found outside sites occupied by the Asturians. The author has never found any such pieces on any beach where only natural pebbles occur.

These pieces of pebbles seem to have been manufactured in two stages, by a method which hardly varies. This, at least, is what the marks of manufacture on the pebbles suggest. First the original pebble was split obliquely, the side part acting as a striking platform. Then a second hammer blow was given on the flat face of the cortex of the detached piece, splitting another piece from this and giving the piece of pebble its final shape, two split faces meeting almost at a right angle. This method of manufacture was deduced from the percussion marks on several of the implements, and in laboratory experiments similar pieces were produced using the methods just described. However, we are completely ignorant as to how this implement was used. Possibly the dihedral point was used as a very coarse burin, but this is pure supposition.

Among the fragments found on all the Asturian beaches between the Lima and the Minho, there are many with a typical and distinctive shape. These are fragments averaging 8-10 cm in length, with a band of cortex, a true natural back, on the curved edge of the piece, and opposite this a straight cutting edge with some small flakes removed either in manufacture or use. They are, indeed, flakes with a natural rim, more or less curved according to the shape of the original pebble, with marks of use on the cutting edge that suggest knives with natural backs like those to be found in particular in Mousterian assemblages of the Acheulian tradition, although this culture is totally unconnected with the Asturian in view of their chronological separation.

These fragments with a natural cortex back were produced systematically and in profusion by the Asturians. Their shape is always the same, and their manufacture identical with the percussion bulb always beneath the cortex band on the back. All the natural backed flakes examined by the author in the deposits were alike.

An examination of these pieces, and in particular of the marks left by striking, coupled with numerous laboratory experiments give an idea of how these implements were made. In order to make these tools, the Asturians seem to have chosen slightly asymmetrical elongated pebbles, with a flattish lateral face on one side. Then, using this flat-faced pebble as a striking platform and striking a sharp slanting blow with a hammer-stone, they would split the pebble, and thus obtain a cap with an obliquely split facet. This type of cap is found in abundance on all the Asturian beaches in this area, and from it one can deduce the action which was used to produce it. Afterwards, the Asturians would strike off flakes with a cortex back using a new striking platform on the pebble. Thus, another blow with the hammer-stone, two or three centimetres from the edge of the pebble and one or two centimetres below the place where the cap was split off, would produce a fragment with a back. After that, all that was necessary was to repeat the operation, striking the nucleus a few centimetres below the striking point which produced the first fragment, and, as before, two or three centimetres from the edge, in order to produce a new fragment. Using this procedure, illustrated in Fig. 39, and after some initial difficulties with correct placing, the author produced absolutely typical cortex backed flakes.

THE WAY OF LIFE OF THE ASTURIANS OF NORTHERN PORTUGAL

The great abundance of Asturian assemblages on all the beaches of northern Portugal shows the dense concentration of Asturian communities along the coastal fringe between the Lima and Minho. The Asturian culture is essentially a coastal one, being confined in the main, if not exclusively, to ocean beaches.

However, this region is not particularly attractive, and is by no means the most pleasant area of Portugal. It has, of course, a temperate oceanic type of climate and the countryside is fresh and green; it is, however, very exposed to winds and storms from the Atlantic, and the whole of the region is particularly humid and has an unstable climate with great variations in temperature. Besides, the coast is often enveloped in mist and fine drizzle, even in summer. It also rains a lot, especially in spring and winter. Finally, a cold current bathes the coast which cools the land still more.

Such conditions surely could not have favoured the Asturian culture or helped it to flourish. This culture would seem to have been relegated to a harsh land, and condemned to an existence that was backward, if not wretched. This impression is reinforced by a superficial examination of the Asturian assemblages. Consisting mainly of tools made in a primitive fashion by striking large flakes from pebbles, and including many choppers, which are very archaic implements among the most primitive ever made, the most salient characteristics of this industry are its monotony and archaism.

However, this impression must be very considerably modified. A statistical study of the Asturian assemblages has revealed not the poverty but the variety and complexity of this industry, which, though based on a small number of types of implement, was able to produce the variants required for different activities using varied and elaborate techniques. Thus, on the Asturian sites in Portugal the author has found seventeen types of chopper, seven types of pick, five types of monoface, five types of chopping tool, and at least four types of fishing weight. In addition, the full range of Asturian tools includes end scrapers, side scrapers of several kinds, discs, palet-discs, polyhedra of different kinds, micro-choppers and micro-chopping tools, flakes, split pebbles, pieces of pebble, and flakes with a cortex back. In short, although Asturian assemblages have a small number of basic implements, Asturian tools are not limited to a few specific implements but are clearly differentiated. Around the pick and the chopper the Asturians were able to create a very varied complementary range of tools.

In view of this, it is difficult to sustain a view of the Asturians as backward groups, eking out a wretched existence, equipped only with a few rough and rudimentary tools which would allow them to perform no more than a few routine, limited and stereotyped actions. The Asturians were not slaves to a few types of implement, and thus to a life of routine and uniformity. Their implements were numerous enough to provide for the most varied needs. The variety of forms the tools have indicates a variety of activities and suggests that these groups were ingenious in their efforts to make Nature provide them with the means of subsistence or at least of survival.

The great majority of Asturian tools have an unworked butt, that is, a natural surface largely retained at the base. The tools were therefore designed to be hand-held rather than fitted with a handle or placed in any kind of holder. Besides, the thickness of the butt on most of these implements would make this very difficult. Nevertheless, some of the tools may have been fitted with some kind of haft, either because the butt is flatter and thinner than usual, or because they have lateral notches which suggest that a handle might have been fitted for use. This is true, for instance, of a large chopping tool with a straight cutting edge found at Ancora. This has two symmetrical notches, one at each end of the pebble on the same side, suggesting that the tool was hafted and not held directly in the hand. But this type of arrangement is very exceptional and is found in only a small minority of the pieces. Similarly, it is possible that a few of the choppers had holders, in particular those whose bases have had flakes struck off which are too shallow to form a second cutting edge, but serve to make the butt of the tool thinner. This type of arrangement is, however, also quite rare. In short the great majority of Asturian tools seem to have been hand-held and used directly with no kind of handle, though this is less certain for a few of the implements.

The Asturian pick, a basic tool of this culture, the master fossil or at least fossil indicator of the Asturian, is thought by H. Breuil to be an implement used to harvest shell-fish from the coastal rocks. The strong point of the tool would have served to prise shell-fish from the rocks. This is a possible use which is supported by the experiments carried out with this implement by the author. The Asturian pick does indeed enable one easily to prise from the rocks the mussels and shell-fish which are found in profusion along this coast. Clearly it is the point of the pick which is the active part of this implement. Besides, some of these implements have had their points sharpened by striking fresh flakes from the uncut face, which gives them a chamfered edge rather like a chisel. At least, that is what this arrangement suggests.

On all the Asturian picks examined by the author the marks of use are found on the point, the natural face of the pebble showing traces of blows in the form of splinters or the splitting off of one or two small flakes. The systematic examination of the splinter marks on 100 Asturian picks picked up at random from these beaches shows that in 53% of cases they are on the central part of the point. However, 26% of the percussion marks are on the left hand part of the point, very near the end and 11% of the signs of use are clearly marked on the right hand part of the point. These marks of use are very clear and easy to observe because scales of cortex have been split off and we may therefore assume that they resulted from violent blows. The action which could have caused them might be called a "swinging blow", the implement being held in the hand and freely swung towards the object it was desired to obtain or strike. The hand going with the implement all the way and never letting go. So, the Asturian pick must have been held in the hand with the dressed part towards the palm then directed in the way described towards the object. This action has reproduced in the laboratory marks of use similar to those found on Asturian picks. But the impact seems often to have been slightly oblique, the angle of the blow being somewhat inclined to the left. This explains the fact that the splinter marks made by the blades of the implement are on the left hand side of the point in 26% of the picks. By using this type of blow one can very easily obtain splinter marks exactly like those to be found on Asturian picks, provided that at the end of the blow the implement strikes a hard surface, a granite rock for instance. The author's laboratory experiments clearly demonstrate this. However, on the Areosa beach at low tide, efforts to detach shell-fish using Asturian picks made for this purpose showed that splinters often split off from the undressed face of the implement during this operation. These splinters ran to right or left according to the angle of impact, a right-handed operator producing more splinter marks running to the left than the right. It appears that this last type of splintering is more often the result of chance banging of the point of the pick on, for instance, a jagged rock, than intentional.

The monoface, another very distinctive Asturian tool, also provides some indication as to how it may have been used. Like the picks, these tools show clear signs of use on their cutting surfaces. The systematic study of twenty-five of these tools has enabled the author to locate signs of wear very precisely on all of them. No doubt, the different forms of monoface indicate functions for each type. Be that as it may, in almost all the monofaces examined by the author there are clear signs of use on the left hand side of the cutting edge in the form of groups of fine oblique cracks, especially clear on the upper third of the cutting edge. This indicates that the implement was held in the right hand and that the left and part of the cutting edge was used for sawing or cutting.

The right hand part of these implements shows signs of use in only fourteen tools out of twenty-five, that is in 56%, and the distal area was used in only eleven out of the twenty-five tools, or 44%, judging by the marks of use.

In addition to these small splinters detached by use, no doubt by back and forth sawing movements, seventeen of the monofaces in this series, that is 60%, have marks of use on the distal area of the undressed face. Often, small splinters have been split off as the result of a violent blow, which suggests that these monofaces may have been used as choppers or slicers. As these splinter marks are found only on the distal end of the tool and nowhere else, they are certainly due not to chance blows on a vulnerable part of the implement, but to its systematic use. Laboratory experiments show that distal splintering of this type can be produced by holding the implement with the dressed part facing towards the inside of the hand, that is towards the palm, and giving a violent blow with the distal area of the cutting surface. When this hits against a hard surface such as a rock it splinters in the same way as the monofaces examined.

In conclusion, it seems reasonable to assume that the monofaces were principally used for sawing movements which left traces mainly on the left hand side of the cutting edge, but that these tools were also used to give sharp blows with the distal part of the edge, and that this caused small splinters to fly off, the blow being sufficiently oblique to make the unworked face splinter. Of course, the variety of forms that this implement takes indicates that it had many different functions. However, its use for cutting and slicing suggests that it was essentially a tool for dismembering carcases, the blows given with the distal end of the cutting edge finally serving to sever the joints. Possibly its principal use was for cutting up seals, cetaceans, fish and game which were abundant on these coasts until historical times.

Another type of implement, fishing weights, also reveals something of the way of life and activities of the Asturians of this region. These objects are used to weight fishing nets or tackle. This use is beyond doubt. It would therefore seem probable that part at least of the Asturian's diet consisted of sea fish. However, although remains of shell-fish are frequently found in Asturian strata in Cantabria, showing that these animals were widely harvested, no remains of sea fish have ever been found in these deposits. This means that there were none in the kitchen rubbish of these people for it is impossible for fishes backbones, for instance, to go unnoticed. One may therefore think that the Asturians of this region were primarily eaters of shell-fish. However, one cannot be certain that they were not also fishermen, even if not great fishermen.

In Portugal, on the other hand, although we have no direct knowledge of the diet of the Asturian communities as no kitchen debris has been found, the fishing weights which are found in abundance on all the beaches occupied by these people show that fishing was for them an important activity.

Leaving aside the differences of detail noted above, these weights can be placed in two main categories. First, there are the ovate weights, which are long and tapering. Secondly, there are the circular weights, which are more or less spherical. Today, sea fishing still employs two main categories of weights and amongst them are weights which are exactly similar to those used by the Asturians in Portugal. First, there are olive-shaped weights whose shape makes them particularly suitable for fishing with drag-nets, when the nets are towed along behind boats and sweep the sea behind them as they move. There are also spherical weights, which look rather like watches, and are most commonly used to weight deep sea lines or nets for deep sea fishing where the fish are taken from the sea bottom. The spherical shape is particularly suitable for this type of fishing, as the weights pull the nets or line down rapidly through the water, through which they sink more easily than olive-shaped weights.

The differing shapes of the two types of Asturian fishing weight cannot absolutely prove that the two types of fishing described were carried out off the coast of northern Portugal by the Asturians; they do however make this very probable. It is noteworthy that 63.5% of Asturian weights for fishing nets are in the shape of a tapered oval, and that this shape which is certainly intentional made them suitable for drag-net fishing. On the other hand, 21.5% are circular and roughly spherical, which would make them suitable for nets or tackle which had to sink rapidly and remain deep in the water.

When one learns that drag net fishing is the technique used today to fish for bass, mackerel, sardines, whiting and tuna which are all still found off these coasts, and that deep fishing is used for conger eels, which are also abundant on the sea bed, then one has some idea of the opportunities that the Asturians had to use these techniques. All in all, an examination of Asturian fishing weights and their classification according to form suggests a high degree of technical fishing skills amongst the Asturians who appear to have been no less great fishermen than shell-fish gatherers.

This impression is confirmed by a study of the size of the Asturian fishing weights. In this respect, Asturian weights can be divided into five main categories. The heaviest weigh around 1 kg but these are not the most numerous. Most weigh around 350 g. This is the commonest type, with some specimens reaching 500 g. Another category weighs about 250 g, but this could be included in the preceding category, as the Asturians certainly did not have such accurate scales as we do. However, two types are considerably lighter. The author has found a whole series of weights of between 80 and 100 g, and these are very often in the shape of a figure of eight. Finally, the Asturians had very tiny weights, never previously described, each weighing about 50 g.

All these different types of weights are certainly not interchangeable. Each type must have been used with a particular type of tackle. It is obvious, at the very least, that 50 g weights and 1 kg weights were not used for the same purpose. However they cannot both be used for weighting the same kind of tackle. These findings are a proof of the great variety of fishing tackle used by the Asturians.

As to the nature of this tackle one can only surmise, though a knowledge of modern fishing methods provides some pointers. The lightest weights, those weighing 50 g for instance, are used today to weight lines; however, five or six are often used on the same line, thus five or six lead "olives" to a line are recommended for mackerel or bass fishing. Heavier weights are used for nets for catching fish which live fairly near the surface such as sardines. The heaviest weights are used for nets for catching bottom-feeding fish such as conger eels. In addition, a heavy weight is essential when the current is strong and there is a risk of the nets being dragged away. If today, in the Pas de Calais, weights of 150 g are enough to keep tackle in position when there is not much current, weights of 1 kg are needed when there is a strong current.

In conclusion, the variety of Asturian fishing tackle and the technical skills used in different types of fishing is revealed by the different types of shapes and sizes of their fishing weights. It even seems possible that these people lived primarily by fishing and only secondarily by collecting shell-fish from the rocks. In fact these two activities are complementary. We may envisage groups of people relying mainly on the sea to provide their main subsistence, and exploiting its riches systematically. Perhaps the activities of sea fishing and collecting shell-fish formed the basis of different social, or rather sexual categories, the men being fishermen while the women collected shell-fish from the rocks. A similar pattern is frequently found today on this coast: the men are always fishermen and the women engaged in agriculture and still sometimes in collecting shell-fish, as well as gathering seaweed from the shore to fertilise their maize plots.

www.ingramcontent.com/pod-product-compliance
Lightning Source LLC
Chambersburg PA
CBHW051303270326
41926CB00030B/4707